ちくま新書

紛争地の歩き方

——現場で考える和解への道

上杉勇司
Uesugi Yuji

1721

紛争地の歩き方——現場で考える和解への道

【目次】

はじめに――見て、感じ、考える旅

†本書から何が得られるか

本からたくさんの影響を受けた。お気に入りの一冊は、高坂正堯(こうさかまさたか)『世界地図の中で考える』(一九六八)。同書の概要を高坂は次のように語る。

「私はこの書物で、かなり自由な書き方をした。旅行の印象や会話のことも書いたし、ローマ時代や近代ヨーロッパの歴史から学んだことも入れた。それは、急速に変化しつつある新奇な現代の世界を考えるのには、これまでの学問の形式に捉われない方がよいと思ったからである。私が旅行で見、感じ、そして考えたこと、旅行から考えて本を読み、論じ合ったことを、そのまま書く方がよいと思ったからである」

この言葉を高坂が記した一九六八年から半世紀以上が過ぎているが、彼の千里眼は今でも光を失っていない。高坂は、その書物で、文明を光と影のあるものとして捉え、二十世紀の文明を浮き彫りにした。

本書は、『世界地図の中で考える』を模して、私が紛争地を歩いて、見聞きし、感じ、考えたことをドキュメンタリー・タッチで綴ったものである。既存の学問の形式に捉われない方式で、主観的に自由に書き進めた。旅先での印象や現地の人々と交わした会話も書き留めた。紛争解決学、平和構築論、和解学から得られた知見も交えた。できるだけ臨場感をもって伝えるために、具体的なエピソードを盛り込んだ。

本書では、和解に関する理論的な記述と私が実際に体験した具体例とがサンドイッチのように折り重なっている。読者を和解の旅に誘うために、随所にコラムも盛り込んだ。コラムが、饅重にかける山椒の役割を果たし、本書がピリリと締まるように仕込んでみた。

私たちはコロナ禍で忍耐を強いられてきた。「コロナ禍が明けたら、どこに旅しようか」と毎日のように世界地図を眺めながら、想いを巡らしている人も多いだろう。本書は、このような状態にある「あなた」の欲求を満たすために書かれた。

コロナ禍により世界各地を旅することができなくなった。「百聞は一見に如かず」という格言の重みを改めて痛感する毎日が続く。コロナ禍で外の世界を歩けない今だからこそ、これまで私が歩いてきた紛争地について書き記しておこうと考えた。コロナ禍によって、人々の内向的な傾向が加速化している現状を打破するために、人々が、なかなか足を運ぶことができない紛争地に焦点を当ててみようと思い立ったのだ。

紛争の傷跡を残す街、復興を目指す国を訪れ、「和解」について見聞きし、考え、議論したことをまとめてみたいと思った。和解とは、どういうことなのか。どうしたら和解することができるのか。本書では、私が紛争地を訪れて実感したことをよりどころに、このような疑問に答えていく。

このような思いで書かれた本書は、あなたにとって、どんなメリットがあるのか。大きく三つあると思う。
①世界の紛争地を歩くことで見えてきた和解の本質を学ぶことができる。②コロナ禍が過ぎ去ったとしても、紛争地を気軽に訪問することはできない。それでも、紛争地について知りたい。そういう読者のために、本書は和解をめぐる旅の擬似体験を約束する。③「コロナ後は自分も紛争地を歩いてみたい」と思っている好奇心旺盛な猛者のために、本書では役立つ具体的な旅のヒントも惜しみなく提供していく。あなたの冒険心を満たす「紛争地の歩き方」を習得できるだろう。

†内戦後の和解の旅

私の場合は和解をテーマに世界を旅した。殺しあいをしてきた人々は、どのようにして仲直りをするのか。闘いを終えた後、どのように関係を修復・再構築していくのか。闘いを通じて増殖され蓄積された、憎しみ、悲しみ、怒り、憤りを、どのように当事者たちは処理していったのか。和解を促すうえで、第三者による、どのような手助けが効果的だったのか。ズバリ和解の鍵を握るのは何か。

国家間の戦争では、争いあっていた人々は、終戦とともにそれぞれの国境内で分かれて住むことになる。隣人であることに変わりはないが、別居することが可能だ。

しかし、一つの国家内で発生した内戦では、そうはいかない。迫害を恐れて難民となり、国境の外に出てしまう人々もいる。将来に希望がもてず、移民となって海外で暮らすことを選ぶ人も出てくるだろう。しかし、多くの人々は同じ国家のなかで一緒に暮らしていく。

旧ユーゴスラビアのボスニア・ヘルツェゴビナの激戦地モスタルを訪れたとき、軍事占領からの解放を遂げ悲願の独立を達成した東ティモールを訪れたときも、この難しい問題を自分の目で確かめたかった。同じく内戦を経験したカンボジア、スリランカ、キプロス、インドネシア（アチェ）などを取材した理由も、紛争後の和解の現実を自分の目で確かめたかったからだ。

和解は感情を伴う。もつれた心のわだかまりを癒すことも大切だ。だが、法的には裁判によって決着がつく。示談を裁判官に勧められて「和解」することもあるだろう。

日本国内の場合は、最高裁判所の判決が出た場合、たとえ判決に不服だとしても、その判決は翻らない。刑事裁判であれば、民事裁判に移すなどの対策がないわけではない。しかし、判決が下されれば、その決定に従わなくてはならない。当事者や遺族たちのなかには、判決に対して納得がいかない者もいるだろう。全員が心に抱いた感情を処理できるとは限らない。悲しみや恨みを忘れられないこともあるはずだ。怒りや憤りが収まらないこともある。

だから、他人の「和解」について取材をして回る行為は、当事者たちの感情の領域に土足で踏み入ることになりかねない。

そのような領域に、首を突っ込んでよいものなのか。他人のプライバシーを気にかけずに、土足で踏み込むことは避けなくてはならない。もちろん、利害関係の不明確な他所者が取材を希望しても、警戒されて、断られてしまう。本音を吐露してくれるとは限らない。

しかし、話を聞いてほしいと訴えかける人がいることも、また事実だ。最初は警戒心から口が重かった者が心を開くようになることも経験した。遠い国から訪ねてきてくれたことを純粋に喜ぶ人たちもいる。これまで見向きもされなかった人々が、他者から関心を寄せてもらえることに、ある種の癒しを感じることがあるらしい。

無理強いは禁物だが、相手に対する敬意を忘れずに、果敢にチャレンジしてほしい。「取材」にこだわらなくてもよい。一緒に世間話をすることから始めてみよう。旅人なのだから道を尋ねてみよう。会話を始める糸口となる。

私が若いときは、先輩の研究者や実務家に取材のイロハを指南してもらった。どこの馬の骨ともわからない外国人に対して、心を開いて話をしてくれる人は限られている。しかし、その地域を専門にしている研究者や現地で活動している実務家には、現地で築いた知りあいのネットワークがある。信頼できる人の紹介であれば、少なくとも話を聞く機会を設けてくれる。

取材には、信頼関係の構築と人脈の拡大が欠かせない。このような関係性を築くうえで、先輩の存在は大きい。彼らは、これまで築いてきた人脈を惜しみなく分け与えてくれた。

独立直後の東ティモールを先輩に連れられて訪れたときのこと。軍事占領下、インドネシア当局に対して抵抗運動を展開したベロニカという名の女性兵士を取材するという。マラリアに感染して寝込んでいるというのに、彼女は取材に応じてくれた。その抵抗運動の英雄は、首都を見下ろす小高い丘に掘建小屋を建てて住んでいた。

ベロニカが発した言葉は今でも胸に突き刺さる。

「あなたたちは質問をする以外に私たちに何をしてくれるのですか」

高熱にうなされていたにもかかわらず、ベロニカの眼光は、鋭く私たちを射抜く。

実は、私たちが取材に訪れる前に、国連機関やNGOの担当者が何度もニーズ調査に来て、「何が必要か」を尋ねていったそうだ。しかし、その後に彼らがニーズを満たすために再訪したことはない。ベロニカの小屋には、電気、ガス、水道も通っていないままだ。

私たち研究者は、取材をして学術論文を書く。それは業績になる。業績は研究者の出世に欠かせない。しかし、そのことは、何度も同じ質問を投げかけられる現地の人々にとって、どんなメリットがあるのだろう。もちろん、論文が認められ、政府関係者の目に留まれば、支援のあり方に変化を及ぼすことができるかもしれない。しかし、現地の人々を応援する役目は果たせても、取材という行為が彼らに直接の恩恵をもたらすことはないだろう。

取材をするため、人々の感情の領域に踏み込むにあたり、背中を押してくれる言葉に出会う。沖縄で仕事を始めたときのことだ。ある会合で知りあった人は教えてくれた。

「世の中を変えるのはホワイ（WHY）さ」

WはWakamono（若者）、HはHenjin（変人）、YはYosomono（他所者）。私は若かった。英国で博士課程に在籍していながら、沖縄でシンクタンクに就職をしたところだった。正真正銘の他所者だ。変人か否かは見方次第だと思う。

この言葉の真意は、年配者、常識人、その土地の者には、社会での立場があり、常識があり、しがらみもあって、変える必要が見えない、見えても身動きがとれないときがある、というものだ。固定観念に縛られた人々に、WHYは、別の視点や新しい息吹を与えてくれる。

かつては、「新人類」という言葉がもてはやされた。地球の重力に縛られない「ニュータイプ」という表現にも聞き覚えがあるだろう。これらの言葉には、WHYと共通の含意がある。

沖縄の海はエメラルドブルー。いかに沖縄の海が美しいのかは、比較対象がなければ実感しにくい。富士山の火山灰で覆われた沼津の海に慣れ親しんだ私の方が、沖縄の海しか見たことのない海人（うみんちゅ）よりは、その透明度の高さを実感できる。

†川下りの旅

人生において目的を見出し目標を掲げることは、私たちの人生を有意義にする。矛盾するようだが、計画に縛られずに柔軟に流れに身を任せることも大切だ。

川下りを想像してほしい。川の上流から大洋に向けて流れる川を筏で下る。海までたどり着くことが目標だ。途中で、急流もあれば滝に遭遇するかもしれない。岩によって思うように進路が選べないこともあるだろう。しかし、その時々の川の流れに身を任せて、岩を避け、急流に乗り、活路を見出していく。流れを慎重に読むときもあれば、ゆっくりと風景を楽しむときもあってよい。

川下りを成功させるためには、川のことを事前に知っておく必要がある。筏についての情報も、集めておいて損はない。どこが難所なのか、地図でチェックしておく。海に出たら何を実現したいのか、思いを馳せる。

この作業は、旅を成功させるうえでも欠かせない。ただ漠然と旅をしても、得られるものはあるだろう。旅の醍醐味は、偶然の発見や思いもよらぬ絶景に出会ったりすることにある。美味しい食事や知りあった人々との会話も旅の楽しみ。ハプニングさえも、後から振り返れば、楽しい思い出となる。偶然の出会いを楽しみながらも、目的は実現したい。だから、準備をして旅に出るのだ。

旅に出る前に、しっかりと準備をして、用意周到な状態で出発しよう。関連する書籍や論文を読み、できるだけ事前に情報を集めておく。誰に何を聞くのか、当たりをつける。映画は想像力を刺激するので役に立つ。地図を眺めておくこともする。今では、Google Map が頼りになる。航空写真で地形を確かめ、旅のルートを試しに追ってみるとよい。「結構、周囲に建物がないな」「この道路であれば、一般車両でも大丈夫だな」「この辺りに集落があるな」など、事前に頭のなかで算段できる。

Google Map が生まれる前やインターネットで簡単に検索ができるようになる前は、場所によっては下調べが難しかった。

博士論文を書くために、地中海のキプロス島を訪問したときのこと。キプロス内戦に関する日本語の文献が少なく、情報収集は英語の文献に頼った。

他方、カンボジアに関しては、日本語の良書が存在した。長年続いた内戦に終止符を打ったパリ和平協定の履行を支援するために、一九九二〜九三年には、国連平和維持活動（PKO）

の国連カンボジア暫定統治機構（ＵＮＴＡＣ）が現地に設立された。日本人国連職員第一号の明石康がＵＮＴＡＣの代表を務めるとともに、このとき日本は、初めて自衛隊を国連ＰＫＯに派遣した。この派遣は戦後日本外交の分水嶺となる。だから、多くの書籍が刊行された。

　私の学生時代には、インターネットは身近ではなく、Wikipediaも存在しない時代。私が参照したのは、熊岡路矢『カンボジア最前線』（一九九三）、冨山泰『カンボジア戦記』（一九九二）。日本の対カンボジア外交については、外交官である池田維の『カンボジア和平への道』（一九九六）が参考になった。また、私と同世代の篠田英朗によって書かれた『日の丸とボランティア』（一九九四）も手にとった。

　先入観を持たずに、曇りなき眼で、現実に体当たりするのもいいだろう。しかし、私は下調べを強く勧めたい。取材の旅にでる前に、関連する新書を斜め読みするだけでもいい。大雑把な歴史は把握しておいて損はないと思う。最近では、ＵＮＴＡＣを率いた明石康による回顧録『カンボジアＰＫＯ日記』（二〇一七）も出版されている。

　事前準備として、読書以外にも有益なものがある。それは、ドキュメンタリー映像を観ることだ。和解を考えるうえで、その前提となる紛争や虐殺について、知識とともにイメージを膨らませておくとよい。映像は、ときに活字情報よりも強く想像力を掻き立ててくれる。

　なかでもお勧めなのは、ＮＨＫスペシャル『ある文民警察官の死〜カンボジアＰＫＯ 23年目の告白〜』（NHKオンデマンドで視聴可能）だ。この番組は、その後に旗手(はたて)啓介『告白　あるPKO隊員の死――23年目の真実』（二〇一八）として書籍化されている。

自衛隊の影に隠れて、国民や政府の関心が乏しいなか、警察にとっても初めての国連PKOへの参加だった。初体験の彼らを待ち受けていたのは、カンボジア内戦の厳しい現実だった。武装集団の襲撃を受け、岡山県警の高田晴行が殉職した事件は、日本社会を震撼させた。さらに、国連ボランティアの中田厚仁が、何者かに殺害されるという痛ましい事件も発生した。

ポルポト派と呼ばれる過激な共産主義勢力の手に落ちたカンボジアを描く『キリング・フィールド』（一九八四）、浅野忠信主演の『地雷を踏んだらサヨウナラ』（一九九九）も、お勧めに加えたい。カンボジアで行方不明となった戦場カメラマンの一ノ瀬泰造を描いた作品だ。

ボスニア・ヘルツェゴビナ内戦は『ノーマンズランド』（二〇〇一）や『最愛の大地』（二〇一一）、ルワンダ内戦は、『ホテル・ルワンダ』（二〇〇四）や『ルワンダの涙』（二〇〇五）が参考になる。東ティモールについては、『ファイヤーライン――決別の東ティモール』（二〇〇六）が、民兵による殺害の状況を想像するのに参考になった。クリント・イーストウッド監督（モーガン・フリーマン、マット・デイモン出演）『インビクタス――負けざる者たち』（二〇〇九）は、南アフリカの和解を題材にした作品だ。アパルトヘイト下の南アフリカを描いた『遠い夜明け』（一九八七）と見比べてみるのもよいだろう。

私が所属する早稲田大学国際和解学研究所では、二〇二一年七月と二〇二二年十月に国際和解映画祭を開催した。東アジア地域における和解に焦点を当てた充実したウェブサイトが開設されているので、ぜひ訪れてほしい（https://www.eriff.org/）。

以下では、さまざまな紛争地で実際に私が取材してきたことをもとに、和解をめぐる物語を紡いでいく。私が訪れた紛争地での和解をめぐる取材の旅を擬似体験することで、世界の紛争地が抱える諸問題を考えてみよう。そして、あなたの身の回りの問題、あるいは日常生活のなかで見過ごされてきた課題について、一緒に考えていこう。

コラム1　蚊との戦い

私が紛争地を歩くときに、よく悩まされたのが蚊。今どき蚊帳（かや）を見たことがない人もいるかもしれない。蚊帳は紛争地を歩くときの必需品だ。

最初にインドネシアのアチェを訪問したのは、二〇〇四年の年の瀬にスマトラ島沖大地震とインド洋大津波が発生した直後だった。そのときに滞在したホテルは、津波によって大破していた。私がチェックインしたときには、まだ復旧中。私の部屋には、なんと天井がなく、仰向けになると満天の星空が広がっていた。

ただ、空天井から蚊が大量に部屋に侵入するため、おちおち寝ることもできない。蚊帳を持参したが、蚊帳を吊るす天井や梁がない。部屋を替えてもらおうと交渉を試みた。

「あいにく本日は満室で他に部屋が空いていません。代わりに殺虫剤をどうぞ。足りなければ、また差し上げます」

しかたなく、殺虫剤を部屋中に撒き散らし、虫除けクリームを塗りたくり、レインコートを着て寝ることにした。しかし、夜通し顔や手足を刺され続ける始末。雌の蚊が出産に必要なエネルギーを得るために、決死の覚悟で血を吸いにくる。そんな特攻作戦を防ぐ対空砲火はなく、蚊はレインコートのなかにまで侵入してきた。全身が痒くて一睡もできない。翌朝になって蚊に刺されたところを数えると、なんと百二十カ所も刺されていた。マラリアやデング熱などの感染症に罹ったのではないかと心配したが、何もなかった。

カンボジアでも蚊には悩まされた。田舎では「トイレ」という概念がない。人々は草むらで用を足す。アフガニスタンや東ティモールでも、地方に行くとトイレがない。

内戦直後のカンボジアでは、多数の対人地雷が埋められたままで、草むらに踏み入ると危ない。では、どこで用を足すのか。一番安全(?!)なのは、往来の激しい道路の真ん中。ということで、往来が途絶えた隙を見て、野糞作戦を決行。しかし、ズボンを下ろすやいなや、白い尻めがけて無数の蚊が襲来。一度に何本も筋肉注射をされたような、痛みと痒みが襲う。たちまち尻は赤く腫れ上がる。日本の蚊とは針の太さが違うのか。日本の蚊は、

アフガニスタンにて、知らぬ間に地雷原に入ってしまった。地雷除去要員が真っ青な顔で駆け寄り注意してくれた。

忍者の吹き矢だ。気づいたら刺されている。カンボジアやアチェの蚊は、槍隊だ。集団でグサッと突き刺してくる（チクッ、ではない）。本当に痛い。

アチェのホーンテッド（呪われた）ホテルでの一夜を明かした後、全身が腫れあがった体をホテルのオーナーに見せながら苦情を述べると別の部屋（天井がある！）に案内された。

こんなホテルだったが、隣にコーヒーショップがあり、重宝した。津波によって家を失い、稼ぎ頭を失った未亡人が経営していた。女性のストッキングのような薄く長い布を使ってコーヒーを濾す。そのストッキングのような布を高く掲げ、踊っているような仕草で、コーヒーを淹れてくれた。

第一章
カンボジア
——和解の旅の起点

カンボジアの選挙活動に集まる人民党の支持者たち。

本章では、カンボジア内戦に焦点を当てる。和解の中核には、一九七五年から始まった共産主義勢力による過酷な政策の責任者を裁き、犠牲者を救済するという文脈が位置づけられる。

冷戦下で大国に翻弄され内戦に陥ったカンボジアの和平プロセスを追うことで、平和と和解の関係についても本章では考えていく。一九九一年十月に紛争当事者たちが結んだパリ和平協定がカンボジアの内戦を終わらせた。国連はPKOを派遣し、和平協定の履行を支援する。それから、三十年以上の月日が過ぎた。カンボジアは内戦に逆戻りすることなく、経済成長を続ける。

和解をめぐる諸問題については、後述するように紆余曲折があった。とはいえ、特別法廷が設置され、正義の追求は終止符を打った。国家レベルでは決着がついたとしても、内戦に翻弄された一人ひとりのレベルでの和解は、どうだろうか。加害者でもあり被害者でもある元兵士の境遇から、草の根レベルでの和解について考えていく。さらには、過去の悲惨な事実を和解に資する形で語り継ぐことの難しさについても光を当てる。

1　和解の背景

†内戦の概要

カンボジアの和解を考えるうえで、カンボジア内戦の歴史を避けることはできない。冷戦期にカンボジアを実効支配したカンプチア共産党（日本では、首魁の名を取りポルポト派と呼ばれる）による自国民の大虐殺の記憶が生々しい。この虐殺は、ポルポト政権下の一九七五年から一九七九年にかけて実行に移された。

冷戦下に、ベトナム内戦が激化し、米国が南ベトナムを支援する形で介入した。中立を宣言した当時のカンボジアは、一方で北ベトナムが南ベトナム内の解放戦線を支援するための兵站（ホーチミン・ルートと呼ばれる）を提供する。他方で、米国は中央情報局（CIA）の工作を用いて、カンボジアの国家元首の地位にあったノロドム・シハヌークの追放を画策した。

ロン・ノル首相によるクーデターによってカンボジアの王制は廃止される。ロン・ノルが大統領に就き、カンボジアには親米政権が生まれる。追放されたシハヌークは北京に亡命政権を樹立。中国の仲介でカンプチア共産党（ポルポト派）と手を握り、ロン・ノル政権の打倒を目指して共闘する。

「敵の敵は味方」の論理がイデオロギーに優先された。王党派のシハヌーク派と共産主義のポルポト派とが手を組む。こうして内戦は始まった。その後、内戦は泥沼にはまっていく。

シハヌークを国家元首にいただくポルポト派がロン・ノル政権との戦いに勝利した。その後に樹立された民主カンプチアで大虐殺が発生した。この時期、シハヌークは命を狙われることはなかったが、ポルポト派によって幽閉されてしまう。

一九七九年に隣国ベトナムがカンボジアに軍事侵攻した（ベトナム側の主張は、カンボジア国内の大虐殺を止めるための人道的介入）。そして、民主カンプチアを倒して、親ベトナムのヘン・サムリン政権を樹立した。しかし、内戦は終息しない。ヘン・サムリン政権に対して、シハヌーク派とポルポト派に、反共の立場で米国やタイからの支援を受けたソン・サン派（クメール人民民族解放戦線）を加えた三派連合が対峙し続けた。

†和平プロセス

一九九一年十月にパリ和平協定が締結。カンボジア内戦の終結が約束される。一九九三年五月には国連管理下で選挙が実施された。内戦中は国土の大部分を掌中に収めていたヘン・サムリン政権のカンボジア人民党（以下、人民党）が、この選挙では、シハヌーク派の独立・中立・

平和・協力のカンボジアのための民族統一戦線（以下、フンシンペック党）に敗れてしまう。

人民党は冷戦期に隣国ベトナムの後ろ盾を得て力をつけた勢力だ。そのため、ベトナムの傀儡政権といわれていた。一方、フンシンペック党は王党派と目されていた。シハヌークの次男のラナリットが党首を務めていたからだ。

カンボジア地図

選挙で敗北した人民党は、内戦の再開をちらつかせる。その結果、フンシンペック党は譲歩を強いられた。両党による連立政権の樹立が合意された。

この選挙結果を無視した動きは、国際社会の批判を浴びる。しかし、背に腹は代えられない。フンシンペック党のラナリット党首が第一首相、人民党のフン・センが第二首相に収まる。この二頭体制は、国家機関の各部門にまで及ぶ。カンボジア国軍を取材したとき、フンシンペック党系の将軍は、人民党系の部隊に対

する指揮権をもっていないと述べていた。

この軍部にまで及んだ二頭体制が、一九九七年七月のクーデターを誘発する。これにより、二頭体制の実態が、権力闘争を継続していただけであったことが、白日のもとに晒された。与党第二党に甘んじていた人民党が実力行使に踏み切る。フンシンペック党の有力者の排除を試みたのだ。ラナリット第一首相は、国外逃亡を余儀なくされた。フンシンペック党は生き残ったものの、人民党によって骨抜きにされてしまう。

そして翌一九九八年に実施された選挙で人民党が名実ともに与党の座に返り咲く。以来、紆余曲折を経て、人民党の有力者フン・センが、その権力基盤を固め、支配を確立していく。

†権威主義的体制の確立

フン・センは、若いころにポルポトが率いる民主カンプチアの国軍に所属していた。後に粛清を恐れてベトナムに逃れる。カンボジアに軍事侵攻してポルポト派を駆逐したベトナムは、新たに政権を樹立する。それがヘン・サムリン政権（＝カンボジア人民党政権）。この政権でフン・センは外務大臣に抜擢される。

以来、彼は人民党の要職を歴任してきた。一九八五年に首相になってから、彼はカンボジアの指導者として君臨する。形式的な選挙は実施するも野党を解党に追い込み、その党首を投獄するなど権威主義的な体制を敷く。

近年のカンボジアは、過去の大虐殺の責任者を裁くという側面よりも、フン・センが率いる権威主義的体制下で噴出する民主化や人権に対する挑戦が問題視されることが多い。もちろん、民主化運動家や人権活動家、あるいは野党政治家にとって、フン・セン政権下の締めつけは、看過できない問題だ。不当に拘束され、拷問を受け、弾圧された人々にとっては、正義の実現が、重要な課題だと認識されている。

だが、正義の追求が、対立していた両勢力の間の和解の妨げにならないか。カンボジアの民主化にとって、与党と野党、権力を監視するマスコミや活動家などが、それぞれの役割を相互に認めあって協力していくことが重要だ。

しかし、弾圧を受けた側が、フン・ヤン政権側を許すことができるのか。そもそも、政権側は、その権力を手放す決断ができるのか。これは将来的な課題としてカンボジア社会に立ちはだかるだろう。しかし、ここでは、過去の大虐殺をめぐる和解に焦点を定めて論じていく。

†特別法廷

フン・センは、四十年ちかく国政に携わってきた。大虐殺に手を染めたポルポト派を打倒したという実績は、彼の政権の正統性の拠り所となっている。同時に、元ポルポト派を取り込むことで、自らの勢力基盤を固めてきたことも事実だ。

そのこともあり、ポルポト時代の虐殺の責任者を裁くことに対して、フン・センは消極的だった。また、和平協定調印直後は、内戦の再発を危惧して、軍事力を握るポルポト派首脳陣に対して宥和的な態度を示す。

他方、国連は大虐殺の首謀者の法的な責任追及を主張した。カンボジア政府に対して国際法廷の設置を求める。一方、カンボジア政府は、国民和解と平和維持を優先すべきとの立場を堅持した。責任を追及するのであれば、国際法廷ではなく、カンボジアの国内法廷によることを主張して譲らない。

さらに、恩赦の適用をめぐり、国連とカンボジア政府の見解は平行線を辿る。カンボジア政府は、ポルポト派の投降を促すために恩赦を用いてきた。恩赦を受けた者に対して裁判をすれば、内戦を誘発しかねない。ここに和解の実現を優先するカンボジア政府と正義の実現を追求する国際社会との対立が深まる。

ポルポト派の要職にあったヌオン・チア、イエン・サリ、キュー・サムファンなどは、恩赦を受け、かつてのポルポト派の拠点でルビーが産出されるパイリン特別区を牙城にしていた。

パイリン特別区を取り囲むように位置するバッタンバン州を訪れたときのこと。そこでは、カンボジア政府に帰順した元ポルポト派の司令官が、国軍部隊を指揮していたり、人民党の地方政治家として活動していたりする。辺境の地において中央政府が、その支配を確立していくうえで、地方の中堅有力者層を取り込んでおくのは、重要だったと思う。

結局、両者の見解を折衷し、カンボジアの国内裁判所で外国人検察官・裁判官が参加する混合法廷としてカンボジア特別法廷が設置された。

この特別法廷では、すでに恩赦を受けていた容疑者も起訴されることになった。ただし、特別法廷が活動を開始するころには、主犯格のポルポトは、すでにこの世にいない。ポルポト派を指導したタ・モクは勾留中に病死した。恩赦を受けていたヌオン・チア、イエン・サリ、キュー・サムファンなどの元ポルポト派幹部は逮捕された。だが、終身刑を受けて服役するキュー・サムファン（九十一歳）以外は、すでに病死している。

特別法廷の設置が遅れたため、ポルポト派首脳陣が実質的に勢力を削がれてから公判が開始された。そのことが奏功し、正義の追求は内戦の再来には至らなかった。起訴された者は、すでに高齢で健康状態もよくなかったため、服役期間は短い。だが、ケジメはつけられた。

歴史に「もしも」はないかもしれない。だが、拙速に正義を追求していれば、ポルポト派に抵抗を強いる口実を与えていたかもしれない。その意味では、特別法廷の設置に時間を要し、その間にポルポト派の力が弱まったことが、結果として幸いした。

いずれにしても、カンボジア特別法廷は、正義を追求する場であり、和解は目的ではない。

†移行期の正義

紛争後の平和構築の過程に登場する概念に「移行期の正義」がある。紛争から平和への移行期には、平時には国内社会で機能しているはずの司法制度が十分に機能していないことが多い。さらに、暴力が猛威を振るう紛争時においては、人権侵害がはびこり、多くの人々が罪を犯す。とりわけ、内戦のように一般市民を巻き込む紛争においては、これら殺戮に手を染めた人々を法廷で裁くことが難しい。容疑者が多いからだ。よって、移行期には、平時の司法制度を適用することは、現実的な選択肢とはなり得ない。そこで登場するのが、平時の制度が確立するまでの暫定的な措置としての移行期の正義（もしくは司法）と呼ばれる取り組みだ。

移行期の正義の議論において、よく登場する概念に、応報的正義と修復的正義とがある。応報的正義では、法を犯した者が犯した罪の報いを受けることで、正義を実現することに重きが置かれる。つまり、処罰が重要な要素となる。法を破れば処罰されるという因果を保持することで、再発の防止や法秩序の維持が追求される。こちらは、加害者を法に基づき裁くことで、正義の回復を目指すアプローチだといえよう。

他方、修復的正義は、加害者と被害者との和解を重視するアプローチだ。加害者が罪を認め、被害者や遺族に対して謝罪する。被害者や遺族は、その謝罪を受け入れ、加害者を許す。この関係修復を通じて、正義が回復すると考える。加害者と被害者や遺族との関係が修復されれば、憎しみの連鎖が断ち切られる。共同体は平穏を取り戻す。

2 和解の旅

†旅の始まり

コロナ禍で海外渡航が制限される前には、職業柄、紛争地を中心に六十カ国以上を訪問してきた。なかでも一番印象深いのは、やはり紛争地を初体験した場所、カンボジア。この地で、私が自分の専門を定める決定的な事件に遭遇したからだ。

一九九八年に内戦後のカンボジアで第二回国政選挙が実施された。ここに日本政府は国際選挙監視団を派遣する。その一員として、私は初めてカンボジアを訪問することになる。一九九三年にUNTACが実施した選挙から、五年が過ぎた時期に実施された国政選挙だ。

先の選挙では、国連ボランティアとして選挙管理官をしていた中田厚仁が、地元の何者かによって殺害された。清廉潔白な中田は、自分の配下のスタッフを能力に基づき公正に選抜していた。そのため、派遣先の地元の有力者が推薦した人物は、その選抜から漏れてしまう。面子(メンツ)

を潰されたと思ったのか、採用されなかった人物が逆恨みをしたのかは定かではない。中田は暴徒に襲われてしまう。

そのときほど物騒ではないにしろ、カンボジアでは、前年の一九九七年にクーデター騒動があった。首都プノンペンで武力衝突が発生し、一九九三年の選挙で与党第一党となったフンシンペック党の党首（ラナリット第一首相）が、連立を組んだ人民党に追放されていた。このような緊迫した情勢下の投開票に立ち会う。

外務省によって選抜された日本の国際選挙監視団員は三十二名。元陸将で統合幕僚会議議長を務めた西元徹也が団長。団長は、UNTACに自衛隊が派遣されていた当時の陸上幕僚長。部下を送り出した側のトップだった人物だ。今度は自分が最前線に立って、落とし前をつけると鼻を膨らませていた。

その他に、前回の選挙に国連ボランティアで加わった者、警察官、元自衛官、大学教員、ジャーナリスト、僧侶、料理研究家など多彩な顔ぶれだった。プノンペン空港に到着すると報道陣が待ち構えていた。団長をフラッシュの嵐が取り巻く。

プノンペンでは、国連ボランティアとして訓練中に中田とルームメイトだった阪口直人（その後、政治家となる）らと一九九三年の選挙で凶弾に倒れた中田の墓標の前で手を合わせた。

ホテルの部屋に戻り、CNNを観ていると中央アジアのタジキスタンで国連職員が殺害されたという急報が入ってきた。「秋野先生では」という嫌な予感が一瞬よぎる。次第に状況が明らかになり、事態は最悪の結末を迎えた。国連タジキスタン監視団（UNMOT）に派遣されていた元筑波大学助教授の秋野豊が、タジキスタンの反政府勢力によって殺害されたのだ。

秋野には共同研究プロジェクトを通じてお世話になっていた。私にとって、秋野の死は、身近な知人が国際平和協力で殉職した初めての経験だった。

気を引き締めて選挙監視活動に臨むことにした。投開票を無事に終え、帰り支度を始めたときだ。初老のカンボジア人男性が笑顔で歩み寄ってきた。彼は開票所の責任者で、普段は小学校の校長をしているという。

「オークン（ありがとう）。君のような若者に、遠い外国から来てもらって嬉しいよ」

謝意が通訳を介して伝えられた。私の両手が力強く握りしめられる。全身に鳥肌が立つ。充実感に満ち溢れた気持ちになった。

この原体験が、その後の人生を決めたようなものだ。ふと、タジキスタンで凶弾に倒れた秋野の顔が浮かぶ。

「自分に何ができるかわからないが、秋野先生の遺志を継ごう」

このカンボジアでの体験は、私に紛争解決・平和構築の分野を天職だと実感させた。当時の私は二十八歳。かくして、カンボジアは私にとっての出発点となった。和解の旅の始まりだ。

その後も私はカンボジアへ何度も足を運ぶ。二〇〇二年には地方議会選挙の監視員として、タイ国境沿いのバッタンバン州を訪れた。初回とは立場を変え、アジア自由選挙ネットワーク(ANFREL)というアジアの国際NGO連合体の一員として、タイ人の同僚とペアを組んで監視活動に従事した。

二〇〇三年には、三回目の国政選挙の国際選挙監視員としてタケオ州に派遣された。初回と同様に、このときは、外務省の選抜を受け、日本政府代表団の一員として参加した。タケオ州は、UNTACに自衛隊が派遣されていたときに、自衛隊の施設部隊が駐屯していたところだ。

また、琉球大学の学生を引率して首都プノンペンと世界遺産アンコールワットで有名なシェムリアップ州を訪問したこともある。このときは、北朝鮮の大使館が資金調達のために経営するといわれていた「平壌冷麵」で焼き肉を食べた。白いドレスを纏い、一輪の赤い薔薇を口に咥えて踊る北朝鮮の踊り子と出会う。「日本は好きですか」と踊り子に日本語で質問してみた。その質問には答えず、「日本の歌は好きです。一緒に歌いましょう」と笑顔で返される。美空ひばりの名曲「川の流れのように」を踊り子と学生たちが日本語で熱唱した。店内には、北朝鮮からの「観光客」の一団も居合わせていた。初めてのプチ北朝鮮を体験した。

二〇一〇年から二〇一七年までは、沖縄県平和祈念資料館とカンボジアの国立博物館とトゥールスレン虐殺博物館の共同プロジェクトに関わってきた。これらの活動を通じて、足かけ約二十年間にわたりカンボジアの和解の歩みを定点観測することができた。

†国際選挙監視活動

国際選挙監視活動を通じて、紛争地における取材のイロハを学んだ。国際選挙監視団は、国際機関が組織したり、諸外国や外国に本部を構えるNGOが派遣したりする。監視員の多くは、投票日の少し前に世界各地から馳せ参じる。経費の問題もあり、彼らは短期間しか監視できない。また、現地の言葉や社会構造や力関係などにも不案内なことが多い。そのため、社会の深部までメスを入れて取材することはできない。

そこで、現地の学生団体や市民社会が組織した国内選挙監視員とタッグを組んで選挙監視にあたる。彼らは、地元出身であるため長期的な監視活動ができるうえに、言葉も自由に操れる。他方で、彼らは国際的な発信力に欠ける。いくら監視をしたとしても、彼らだけでは、為政者による不正を抑止することは難しい。国際社会が圧力をかけるようにはいかない。外国のメディアや大使館に働きかけるうえでも力不足は否めない。

そこを補うのは国際選挙監視員の役割だ。さらに、国内選挙監視員は、地元出身であるがゆえに、身元が割れていて、脅迫に晒されやすい。国際選挙監視員が寄り添うことで、そのようなリスクを軽減することができる。

紛争地で選挙が実施されるということは、戦闘行為は終わっているはずだ。ある程度の治安が確保された環境に赴くことになる。紛争地を歩く初心者であっても足を踏み入れることが可能なレベル。ただし、中田の事件が象徴するように、予期せぬ現地のいざこざやごたごたに巻き込まれたりするリスクはゼロではない。医療施設が整っておらず、劣悪な道路事情を抱える紛争地では、交通事故が命取りになる。

そこで対策が求められる。その一つが国際選挙監視団に加わること。紛争後の選挙には、各国政府だけでなく、NGOなどが選挙監視団を組織することが多い。国際機関や地域機構が選挙の実施を手伝う場合もある。これら他国から集まった人々と一緒に働く。仲間がいれば心強い。不測の事態に直面しても、組織的なサポートを受けられる。異なる文化的背景をもつ同僚と仕事をする経験も楽しく貴重だ。

とはいえ、紛争後の選挙は、対立が表面化するため、火種が再燃しやすい。安定していた治安が、急に崩れることもあるだろう。選挙に勝つために、恫喝、暴力、不正も厭わない候補者や政党もある。全体的に安定していても、特定の選挙区では、候補者間の対立が尖鋭化して、刃傷沙汰になることも少なくない。平和裏に始まった候補者の演説会が、野次の一声で、殴りあいに発展してしまうかもしれない。

そのようなリスクと裏腹に、国際選挙監視員の仕事は難しくない。事前準備として重要なのは、次の二点。一、その国の公職選挙法において、何が合法で何が非合法なのかを押さえておくこと。二、国際選挙監視員に与えられた権限を把握しておくこと。

国際選挙監視団が展開される場合、現地語で書かれた公職選挙法が、国際機関等によって英語に翻訳されていることが多い。英語が読めれば、第一関門は突破だ。

監視員の仕事は、選挙に関連する活動が合法的に執り行われているのかを監視すること。基本的には、選挙運動（投票前の街宣活動など）、投票、開票の三段階を監視する。不正をしようとしていた者が、監視員の姿を見て思いとどまることが期待されている。銀行のATMに設置された監視カメラと同じ役割を担う。抑止効果を発揮することが任務だ。つまり、見ていればいい。見ているだけであれば、誰にでもできる。

各国の公職選挙法の詳細は異なる。しかし、私が経験してきたカンボジアや東ティモールでの選挙では、監視員の権限は、監視し、監視した結果を報告することに限られていた。不正を発見したからといって、注意をしたり、実力を行使して辞めさせたりする権限はない。その役目を果たすのは、現地の選挙管理委員会だ。監視員ではない。

また、投票前には、選挙管理委員会や各政党の代表、ときには候補者への取材を試み、選挙運動中に不正がなかったかを確認する。政治家や地方の名士に対しても取材の約束を取りつける。市井の人々の声を拾うことも業務の一つ。そして、取材の結果を報告書にまとめる。

だから、あてもなく旅をするのと違い、取材が明確な目的になる。自分の興味を満たしながら、国際貢献ができるのだ。紛争後の選挙と選挙支援については、大芝亮他編『平和政策』（二〇〇六）に一章を寄稿したので、そちらを参照してほしい。

†権力に抗う覚悟

二〇〇二年にカンボジアの地方議会選挙を監視したときのこと。首都プノンペンからタイ国境沿いのバッタンバン州に向かう国内線の飛行機のなかで、野党の代表格サム・ランシー（当時はサム・ランシー党党首、後に救国党党首。禁錮五年の実刑判決を受け、現在はフランスで亡命生活を送る）と隣になった。彼はバッタンバンでの遊説に一人で向かっていた。

「護衛を付けずに、命を狙われないですか」と話しかけてみる。

「この国で政治をするには、命をかけないわけにはいきません。それに、国際選挙監視員の皆さんが同席している飛行機を爆破などしないでしょう」

その言葉に一瞬背筋が凍った。爆弾が仕掛けられていたら、私も一緒に吹き飛んでしまう。

私の妄想は、小説の世界の出来事では終わらない。現実に、悲しい事件が発生しているのだ。二〇一六年に政権批判をしていたケム・レイが、白昼にガソリンスタンドで射殺された。人権擁護団体のヒューマン・ライツ・ウォッチ（二〇二一）は、これを超法規的殺人だと糾弾するなか、真相は明らかにされていない。

カンボジアの市民社会を代表して、自由で公正な選挙を推進してきたコール・パニャは、身の危険を感じて、国外に脱出することを余儀なくされた。彼は、その功績が認められて、アジアのノーベル賞と呼ばれる「マグサイサイ賞」を二〇一一年に受賞した。彼とは、選挙監視活動で協働した同士だ。だから、彼らの活動を縛る現政権のやり方に憤りを感じてしまう。

しかし、同時に、一九九七年にフン・センがクーデターによって実権を握ってからは、カンボジアでは、戦闘によって民間人が巻き添えになったことはない（例外として、二〇一一年にタイとの国境紛争で十名が死亡）。早稲田大学には、カンボジアからの留学生が来ている。彼らは政権批判をすることはしない。言論の自由などの政治的権利が制約を受けているからか。いや、実際に彼らには、そもそも批判をしようと思う動機や不満はない。政治的安定と経済発展により、彼らは日本への留学という「特権」を享受しているからだ。

†除隊兵士支援

二〇〇二年にカンボジア西部タイ国境沿いのバッタンバン州で選挙監視をしたときのこと。インターバンドという日本のNGOが除隊兵士に対する支援を展開する地域に派遣された。元兵士たちに現金を給付しては、酒や賭けごとに使ってしまいかねない。そこで、近所の小売店と契約して、食料品などの生活必需品と交換可能な金券を支給していた。

その活動を現地で仕切っていたのが、クン・チャイ。中華系のカンボジア人。病気の妻を看病しながら一家を支える。彼が選挙監視活動中に私の通訳をしてくれた。

色々と話をしていると、私たちは同い年であることがわかった。彼が中学校を卒業すると、国軍から召集されてしまう。内戦中の兵役を拒否したかった彼は生家を抜け出しタイ国境に向けて逃げる。しかし、逃げる途中で山中に潜むポルポト派に拘束され、無理やり「少年兵」にさせられてしまった。生き抜くため、命令されれば殺人も辞さなかったという。

しかし、隙を見てポルポト派を抜け出し、幸運にも難民キャンプに辿り着く。そこで学校に通い英語を学ぶ。そのお陰で、今では、インターバンドの支援事業の陣頭指揮を任されていた。そして今回は私の通訳を請け負うことになった。まさに、人間万事塞翁が馬。

このときに初めて「殺人」を犯したことのある人間と寝食をともにした。兵士となって戦争で敵を殺す。これはクン・チャイが望んだ人生ではない。今では病弱の妻を想う優しい男性。人間には根っからの悪人などいない。環境が人間を変えるのだと、彼を見ていて思った。同時に、もし私がカンボジアに生まれ落ちていたとしたら……私もクン・チャイと同じような運命を辿ったのだろうか。銃を手にして戦いに加わったのだろうか。思いを馳せた。

高校生のとき、米国ミネソタ州に留学した。私が留学した地域では、高校生の間で狩猟（ハンティング）が盛んだった。週末になると森に動物を仕留めにいくのだ。このとき、私は、生まれて初めて銃を手にして、実弾を撃った。

レミントンのショットガンを友人から借りた。『西部警察』で渡哲也が演じた大門圭介が使っていたようなものだ。照準の先に、獲物を狙う。しかし、私には、享楽のために鹿や梟の命を奪うことができなかった。ついに引き金を引けなかった。コカコーラの缶を的にしたときには、気軽に引けたのにもかかわらず（射撃後の反動は強く、大門のように片手ではとても撃てない。銃床尾を右肩にしっかりと固定しないと弾が当たらない）。享楽では殺せない。では、生死を賭けた場面であれば、人間を撃てるのか。私の場合は、逡巡・躊躇している間に射殺されているだろう。

†足を失った元兵士

クン・チャイに連れられ、地雷によって両足を失った元兵士の話を聞きに行く。彼は、一家の大黒柱として稼ぐことができない。その彼の妻に対してインターバンドが職業訓練を提供したことで、一家の生活の糧は彼女が稼ぐようになった。しかし、彼は妻に頼って生きるしか道がない。戦争は、彼から足だけでなく、自尊心までも奪ってしまったのだ。

彼の自己肯定感を高める支援が必要だと思った。彼のような境遇の者をカンボジア政府は、除隊兵士自立支援プログラムを通じて援助することになっていた（牧田、二〇一八）。日本政府は、その取り組みに協力していた。私がお世話になったインターバンドは、その一翼を担う。「今は家で座っていることしかできないけれど、車椅子があればバイクの修理ができる」

彼は腕を叩いてみせた。

このような声を集めて、私に何ができるのか。クン・チャイも彼らの声に耳を傾けている。受益者の意向に基づいて、支援を計画し、実践しながら計画の見直しを怠らない。しかし、支援する側は、彼以外にも明日を生き抜くことさえも難しい生活困窮者を多く抱えていた。また、援助を差し伸べてくれる団体の目の前で、不平不満を漏らす人も少ない。だから、私のような第三者の役目は、踏み込んだ質問を投げかけ、彼らの本音を引き出すことだと考えた。

取材中は険しい表情をしていた元兵士が、別れぎわに木の実をくれた。かじりつくと苦くて渋い。思わず、ペッと吐き出してしまった。元兵士は破顔一笑。彼は得意顔で木の実をかじってみせる。「俺はこんな苦い汁なんて、平気さ」と自慢しているように見えた。彼の日常の一コマに笑顔が生まれただけでも、取材した価値があったと思う。

†ポルポト派から逃れた難民

ポルポト政権下のカンボジアを脱出して、カナダに難民として渡った友人の話。彼の名前は、ソーポン・ポウ。現在はトロント州立大学で教鞭をとる。上智大学でも教えていたことがある。

平和と安全保障、グローバル・ガバナンス、人間の安全保障、カンボジアの民主化支援などの著作をもつ。

ソーポンと彼の家族は、ポルポト派によって家を追われ、村々を転々とする日々を送っていた。ある日、「政府の仕事を手伝ってもらいたい。一週間くらいで戻ることができるから」と、ロン・ノル政権の役人だった父親が、ポルポト派によって連行されてしまう。そして、何週間待っても父は戻ってこなかった。

アンジェリーナ・ジョリーがNetflixで映画化したルオン・ウンの回想録『最初に父が殺された』(二〇一七)でも描かれたように、ポルポト派に連行された人の多くは殺されていた。

ソーポンは母と弟・妹とともに収容所に送られる。家族は引き裂かれ、それぞれ別の家に住んでいたという。身の危険を感じたソーポンは、母や弟・妹たちを残し収容所を抜け出す。オンカー(ポルポト政権下の国家指導組織)の命令で、父親が行方不明となった。そして、殺害予定者リストに自分の名前があるとポルポト派の村長から知らされる。村長は、ソーポンを収容所から、こっそりと逃してくれたそうだ。ポルポト派は親の仇であると同時に命の恩人という複雑な心境にあると、ソーポンは語ってくれた。

そして、タイ国境を目指して走りに走った。その後、ベトナム軍の侵攻でポルポト派が総崩れとなる。辿り着いた難民キャンプで、母と弟・妹と再会を果たす。一家は、行方不明の父親を残して、カナダに難民として渡る。

カナダには、難民として受け入れられたカンボジア人コミュニティがある。そこで、ソーポンはポルポト派に理解を示す者として糾弾されたことがあるという。

「ポルポト派に悪の権化というレッテルを貼り、そこで思考停止するのはよくない。当時の状況を踏まえたうえで、あのような虐殺が、なぜ起こってしまったのか、客観的に分析したい」

この姿勢が、白黒つけた勧善懲悪を求めるディアスポラ（難民として暮らす在外カンボジア人）の癇に障ったようだ。ソーポンの考えは、ユダヤ人哲学者のハンナ・アーレントが『エルサレムのアイヒマン』（二〇一七）で示した姿勢と重なる。

この話には思いがけない顚末が待っていた。カンボジアで一九七五年に行き別れ、ポルポト派に殺害されたものと思っていた父親が、二〇一一年に三十六年ぶりに見つかる。ソーポンの夢枕に父が現れ「俺は生きている」と告げた。彼の弟も、霊能者に「お前の父親は生きている」と告げられた。そこで、父親の捜索を開始したのだ。

すると、殺されたと思っていた父親を発見することができたのだという。ソーポンと父は強く長く抱きあい、涙が枯れるまで泣いた。母親も喜んだ。家族の再会を祝福し、故郷で大宴会を催す。だが、残酷な結末が待っていた。その後の医学的な検査で、この男性はソーポンの父親ではないことが判明した。

コラム2　現地の生活の知恵

カンボジアの農村での一風景。二十名あまりの人だかりができていた。近づくと、住民たちは野外に置かれたテレビを観ていた。電気が通っていない村なのに、どうしてテレビが観られるのか不思議だった。よく見ると、大型トラックに積まれているバッテリーにテレビがつながっている。現地では、こうやって電化製品を使用するのだ。

辺境の地では、日本のようにガソリンスタンドがない。しかし、車やオートバイが行き交う。どうやって給油しているのか。実は、ガソリンや軽油は、ジュースの空瓶やペットボトルに詰められ、路上で販売されている。路肩に竹で作った棚が拵えてあり、そこに陳列されている。その傍らに駐車してクラクションを鳴らす。すると、家のなかから人が出てきて、瓶から給油してくれるというシステム。

カンボジアでは、蚊を媒介とする感染症のマラリアやデング熱が怖い。蚊に刺されないように、炎天下でも長袖、長ズボンで活動しなくてはならない。電気が通っていない村の投票所には、もちろんエアコンはない。というか、冷蔵庫すらない。生ぬるいビールは飲めたものではない。多くの食堂では、ビールを注文すると氷の入ったジョッキと缶ビールが運ばれてくる。生ぬるいビールを氷の入ったジョッキに入れて、冷やしてから飲む。ビールに氷を入れる習慣がないので戸惑う。この氷は、どうやって作って保冷しているのか。

氷となった水は生水か、ミネラルウォーターか。

「生水を飲んではいけない」と外務省の医務官から指導を受けていた。氷にしてしまえば雑菌は死滅して、腹をくだすことはないのか。私のパートナーは、国連ボランティアとして前回の選挙も担当した百戦錬磨の強者。彼の持論は「ビールのアルコールに殺菌作用があるから大丈夫」だった。私たちは、ジョッキに注いだビールが冷えるのをしばらく待ってから、冷えたビールを勢いよく喉に流し込んだ。

それにしても、電気が来ていないのに、氷をどうやって保存しているのか。自家用発電機が稼働している音もしない。店主に尋ねると、店の奥に案内し、地面を指差す。そこには、死体を埋葬するような穴があり、板の蓋がしてある。蓋を開けると藁に包まれた氷が収まっていた。そういえば、かつて日本にも氷室があった。生活の知恵に驚く。

3　和解の景色

†正義を追求する道

私がカンボジアで触れあった人々は、概して経済発展には関心を寄せるが、過去の清算について、多くを語ることはなかった。市井の人々は日々の暮らしの改善が先決だった。エリート層に属する野党政治家や人権活動家は、現政権による圧政という現在進行形の課題に関心を寄せていた。過去を振り返る余裕は見られなかった。

だからといって、カンボジアでは正義の追求が軽視されたわけではない。正義の実現を目指す手段は、責任者を裁くこと以外にもある。カンボジア特別法廷で追求された正義は、専門的な用語では、応報的正義と呼ばれる。犯罪者を裁き刑罰を与えることが目的だ。そこでは、裁判官、検事、弁護士など法律の専門家が審議を重ねる。だが、その過程では、被害者と加害者との対話を通じた和解は視野に入っていない。罪を償うことは、加害者の服役や被害者への賠償などを通じて実現される。

他方、修復的正義と呼ばれる活動を通じても正義は実現できると考えられている。こちらは、犯罪行為によって壊れてしまった人間関係を修復することに主眼が置かれる。被害者、加害者、彼らが属するコミュニティが主体的に話しあう。加害者による謝罪と被害者やコミュニティからの許しを促す。

したがって、和解は修復的正義の結果として達成されると位置づけられている。修復的正義の取り組みは、地域的に限定された個々人の関係で実施されてきた。犯罪前にはコミュニティ内で隣人としての人間関係が存在していたことが前提となっているからだ。

†誰と和解すればいいのか

地雷で両足を失った元兵士は、内戦下では敵兵や敵性市民を殺害したかもしれない。彼と同じ境遇にある元兵士たちは多いだろう。同時に、彼らも内戦の犠牲者だ。もちろん、身体に障害を負った者たちだけではない。クン・チャイのように内戦中に無理やり動員された者は多い。戦闘に駆り出された彼らは、内戦の終結に伴い、お払い箱にされた。その総数は約三万人にのぼる。彼らの社会復帰や自立を支援することは、紛争後の平和構築において重視されてきた。

この取り組みは、一般的には、元兵士の武装解除、動員解除、社会復帰（DDR）と呼ばれる。東ティモール、アチェ、ミンダナオなどでも、同趣旨の活動がなされている。

除隊兵士は社会的弱者だ。だから支援の対象であることには違いない。同時に、内戦は、彼らが住むコミュニティに多くの傷痕を残した。ソーポンのように、ポルポト派時代に家族を引き裂かれ、強制労働をさせられ、肉親を殺された者は多い。場合によっては、家族のなかでも反目が生まれ、親や兄弟を手にかけた者さえいたという。一般市民も内戦の犠牲者だ。誰もが苦しんだ内戦。それが終わったとしても、自分は貧しいまま。最愛の人は戻らない。ところが、その仇が政府や支援団体から援助を受けていたとしたら、彼らは、そのことを、どう思うだろうか。嫉みや反感は消えることはない。許しの気持ちは湧き起こらないだろう。たとえば、地雷で足を失った元兵士が復帰する先のコミュニティの隣人たちの気持ちは、どう尊重していけばよいのか。

一方で、「紛争の犠牲者」となった元兵士は、誰と和解すればいいのか。怒りや憤りの矛先を、どこに向ければいいのか。彼を戦場へ送り込んだ国家なのか。国家が対峙していた反政府勢力なのか。誰とも知れない地雷を埋設した人なのか。それとも、復員後に働けなくなった彼を経済的・精神的に支え続ける彼の妻なのか。本来であれば、感謝の言葉を妻にかけなくてはならないが、心を病んだ者にとっては、善意をストレートに受け止められないこともある。

紛争後に復員してきた元兵士の家族では、家庭内暴力が問題となっている場合が多い。自尊心が傷つけられ、負い目を感じたり、感情のやり場に困ったりしたときなど、その捌け口として、暴力が妻や子どもに向けられてしまう。元兵士たちがトラウマを抱える場合もある。

このようなとき、第三者による支援が役立つこともあるし、家庭内暴力を助長してしまうこともある。他方で、生活困窮者支援が、意図せず和解を促すかもしれない。

†過ちをどう伝えればよいか

カンボジアからの留学生に、ポルポト時代の大虐殺について学校などの公教育で学んだことがあるか尋ねてみた。彼らの多くは、この過ちを学んでいないという。

カンボジア社会は、悲惨な過去を封印し、民族の歴史から痛ましい傷を忘却することを選んだのかもしれない。だとしたら、私たち第三者は、その封印を解き、忌まわしい記憶を甦らせてもよいのだろうか。それが、負の連鎖を引き起こさない保証はあるのか。

そう問われれば、確信はもてない。たとえ、憎しみが増幅されて暴力事件が引き起こされたとしても、責任は取れない。ハンナ・アーレントは、忘却でも、諦観でもなく、過去と向きあい、過去に区切りをつけて、自身と他者とを架橋する関係を新たに結ぼうとする意思が、負の連鎖から私たちを解放すると主張する（森分、二〇一三）。

私が副理事長を務める沖縄平和協力センター（OPAC）では、沖縄県平和祈念資料館とともに、国際協力機構（JICA）の草の根技術協力事業として、カンボジアのトゥールスレン虐殺博物館への支援を実施してきた。

この博物館を最初に訪問したのは、私が初めてカンボジアを訪れた一九九八年。当時は、入り口に、虐殺の犠牲者のものと思われる髑髏（どくろ）でカンボジアの地図が作られていた。ガラス張りの納骨塔には、犠牲者の髑髏が幾重にも積み上げられている。建物に入ると、壁一面に殺害された人々の顔写真が並ぶ。拷問に用いた器具が、使用法を図示したイラストとともに粗雑に展示されていた。庭には、犠牲者の人骨が放置されていた。訪問者は、その上を歩かなくてはならなかった（現在では、渡り廊下が敷地に設置されているため、遺骨の上を歩かずに済む）。

この博物館は、ポルポト派を打倒した現政権の正統性を顕彰するプロパガンダ施設になっていた。この博物館を訪れる者は、もっぱら外国人で、カンボジア人は少ない。そこで、沖縄平和協力センターでは、「プロパガンダ施設を平和活動の拠点へ」を目標に、二〇〇九年より支援を開始する。

このときには、過去の辛い記憶を継承することと和解することとの緊張関係を深く考えることはなかった。なぜならば、次の言葉が、私の心に深く染み込んでいたからだ。

「沖縄戦の実相にふれるたびに／戦争というものは／これほど残忍で　これほど汚辱にまみれたものはない／と思うのです／この　なまなましい体験の前では／いかなる人でも／戦争を肯定し美化することは　できないはずです／戦争をおこすのは　たしかに　人間です／しかしそれ以上に／戦争を許さない努力のできるのも／私たち　人間　ではないでしょうか／戦後このかた　私たちは／あらゆる戦争を憎み／平和な島を建設せねば　と思いつづけてきました／これが／あまりにも大きすぎた代償を払って得た／ゆずることのできない／私たちの信条なのです」

沖縄県平和祈念資料館に展示された「沖縄戦の教訓」を次世代に語り継ぐことこそが、私たちの責任であると考えていた。

トゥールスレン虐殺博物館への支援は、カンボジアの若い世代が過去への区切りをつける手助けとなるのか。新たな関係を作ろうという強い意思が、そして負の連鎖を乗り越えようとする固い意思が、カンボジアの次の世代に芽生えたのだろうか。トゥールスレン虐殺博物館で試みた展示品の整理や保管の方法などの技術的な支援は簡単にできる。しかし、負の連鎖を引き起こさないように過去を伝えることには、大きな困難が伴う。

研修に参加した学芸員が、虐殺の様子を地元の子どもたちに伝えているところを見学した。ポルポト派の処刑人が、乳児を母親からとりあげ、その足をつかんで振り回し、頭を巨木に打ちつけて殺す残酷な場面が説明された。

恐怖と戦慄が背筋を走る。恐ろしい、怖いという感情が、戦争や暴力に反対する心を育むのか。それとも逆に、人々を『風の谷のナウシカ』に登場する怒りと憎しみに駆られた王蟲(オーム)や、『もののけ姫』に出てくる乙事主(おっことぬし)のように祟り神にしてしまうのか。結果は正反対だが、岐路に立って振り返れば、その拠り所は同じに見える。

紛争地を歩く知恵1

安易に土産を手渡すな

私が最初にカンボジアに行ったときのこと。日本からポテトチップスを持参した。移動中にスーツケースのなかで粉々にならないように、筒型のチップスターを買っていく。「袋入りではなく、筒入りにすべし」が、ここで伝えたいことではない。実は、初心者の私は大失態を犯してしまう。この失敗から学べる教訓を共有したい。

カンボジアや東ティモールで出逢う子どもたちは、本当に目がキラキラと輝いている。子どもが遊んでいるのを眺めながら、小休止をすることにした。ポテトチップスを食べ始めると、上半身はボロボロのTシャツに、下半身は裸の小学校の一年生くらいの男の子が近寄ってきた。ポテトチップスを数枚手渡すと、それをまとめてほおばり、また手を差し出す。そこで、筒ごとその子にあげることにした。

なんと、その途端に、遠くで遊んでいた子どもたちが集団で駆け寄ってくる。筒を抱えた子を取り巻くと、ガキ大将みたいな上級生が、何かを叫ぶ。一年生は抵抗するが、すぐに殴られ、筒をもぎ取られる。ガキ大将と取り巻きは、筒を持ってどこかに消えてしまう。殴られた子は大泣き。

私は罪悪感に苛まれる。善かれと思って軽い気持ちでポテトチップスをあげた結果が暴力を生み、犠牲者が出てしまった。この教訓を踏まえ、気軽に何かをあげることを慎むようにした。また、何かを提供する場合には、十分な数をあらかじめ揃えておくことにした。ただし、この教訓は、個人のレベルで手が届く範囲では実行可能だが、一般論としては難しい。

二〇〇六年に、アフガニスタンを訪問した。日本のアフガニスタン向け政府開発援助

アフガニスタンの学校。日本の支援で女子は校舎が与えられたが、男子は青空教室のまま。

（ODA）を評価するのが仕事だった。日本の支援で整備された学校を訪問する。当然ながら、机も椅子も完備され、黒板、窓、屋根がある。

アフガニスタンでは、宗教上の理由から男女が同じ教室で学ぶことは許されていない。そのため、この校舎は女子専用とされていた。タリバン政権下では、女子の教育機会が限られていたため、支援を提供する側は、まずは女子を支援したいと考えたからだ。すると小学生の男子児童が校長に連れられて私のところにやってきた。

「どうして女の子ばかり立派な教室で勉強できるのですか。どうして僕たちには教室を作ってくれないのですか」

彼と校長に連れられ、男子の「校舎」に連れて行ってもらう。そこには建物はない。埃が舞う土漠の上に絨毯を敷き、男子たちは勉強していた。そして校長が畳み掛ける。

「もちろん、女子教育は重要です。しかし、現状では児童の八割が男子です。アフガニスタンの国づくりの優先順位を考えれば、八割の男子児童に、まずは投資すべきです」

正論だろう。理想は、すべての子どもに教育の機会を与えることだ。しかし、学校は、ポテトチップスのように気軽に提供できない。支援する側の価値観で優先順位を定めていくのか。それとも支援を受ける人々の価値観を重視するのか。

二〇二一年八月にタリバンが権力を奪取する。前政権下のアフガニスタンでは、国際社会の強い後押しで、女子教育が推進されてきた。教育を授かった女子が、ポテトチップスをもらった子どものようにならないことを願うばかりだ。

第二章

南アフリカ

——和解を考える旅

南アフリカのググレトゥにあるタウンシップ。

和解の旅の第二幕は、南アフリカ。南アフリカといえば、アパルトヘイト（人種隔離政策）。そして、アパルトヘイトによって分断された白人と非白人。南アフリカは、分断を乗り越え、和解を実現した成功例として記憶されている。

本章では、和解の成功例として引きあいに出される南アフリカの事例に切り込む。一九九四年にアパルトヘイトが撤廃されてからの白人と非白人は、本当に和解したのか。そもそも白人と非白人とに分断されていた南アフリカでは、何をもって和解が成功したといえるのか。両者を分離していたアパルトヘイトが撤廃されたことで、紛争の種は取り除かれたように見える。しかし、それだけでは、和解が実現したとはいえまい。

差別的な法律が撤廃されることと、和解が実現することとは、必ずしも同義語ではないからだ。誰と誰が、どのような関係になると、両者は和解したといえるのか。つまり、本章では、和解が実現するとは、いったいどういう状態を指すのか、という本質的な点を考えていく。

1　和解の背景

†アパルトヘイトの概要

アパルトヘイトとは、一九四八年に南アフリカが導入した人種の違いによって人々を隔離する政策のこと。その政策の根拠となる多種多様な法律が定められ、人種差別が公然と推進された。具体的には、少数派で支配層の白人と被支配層の非白人とに分けられ、被支配層の人々が政治・経済・社会的な差別待遇を被っていた。非白人には多数派の黒人と少数派のアジア人やカラードと呼ばれる混血人種が含まれる。アパルトヘイトによって黒人たちは不毛な土地に追いやられ、安価な労働力として搾取されてきた。その典型例が、「ホームランド」と呼ばれる黒人自治区の設定だ。部族ごとに居留地が割り振られ、ホームランドの「独立」が推進された。なお、独立を果たしたホームランドは、アパルトヘイトの終焉とともに南アフリカに再統合されている。

なぜアパルトヘイトのような差別的な政策や法律が罷り通ったのだろうか。もちろん、少数派が多数派を支配するための制度が必要だったからにほかならない。その理論的根拠として、アパルトヘイトは次のような建前に支えられていた。

「伝統、文化、言語が異なる人々をあえて統合するよりも、それぞれが別の道を歩み、それぞれの望む形で発展すればよい」

後述するように、民族が異なる人々を同化させて人工的国家を作る試みは、旧ユーゴスラビアの破綻で終焉を迎えた。むしろ、少数民族に対しては自治権を与えて連邦制のもとで緩やかに統治していく道が主流化しつつある。だから、この建前は、皮肉にも内戦を経験した社会における和解の道として推奨されている処方箋と紙一重なのだ。

アパルトヘイトは虐げられてきた人々の間で抵抗運動を産む。差別に喘ぐ人々が立ちあがり、アフリカ民族会議（ANC）が結成される。しかし、反アパルトヘイト運動は、南アフリカ政府の弾圧を受け、多くの逮捕者が出た。一九九四年に南アフリカ初の黒人大統領となったネルソン・マンデラも、その一人。彼は、国家反逆罪などで終身刑となり収監される。アパルトヘイト撤廃、その後の和解の立役者といえば、このマンデラ大統領を連想する読者も多いだろう。彼については、自伝である『自由への長い道』（二〇一四）、堀内隆行『ネルソン・マンデラ』（二〇二一）、リチャード・ステンゲル『信念に生きる』（二〇一二）が参考になる。

当初の反アパルトヘイト運動は、家賃の不払い、不買、バス乗車拒否、授業放棄など非暴力的手段で展開されていた。しかし、弾圧が重ねられる度に抵抗運動は過激化する。それが一層の弾圧強化につながり、負の連鎖を招く。一九八五年にANCは武力闘争の拡大に踏み切る。

　国際社会においてもアパルトヘイトは問題視されてきた。国際社会による反アパルトヘイト支援の一つにノーベル平和賞の存在がある。南アフリカからは、反アパルトヘイトに功績があった四名が受賞している。一九六〇年に受賞したアルバート・ルツーリはANC議長を務め、反アパルトヘイト運動の最前線で戦った。一九八四年に受賞したデズモンド・ツツ大司教は、反アパルトヘイト運動を指導したことが評価された。そしてフレデリク・デクラークとマンデラは、アパルトヘイトの廃止に向けた功績が讃えられ一九九三年に受賞している。

　国連においてもアパルトヘイトは長らく問題視されてきた。総会や安全保障理事会で議論されることもあった。南アフリカとのスポーツ交流がボイコットされ、

南アフリカ地図

武器禁輸や石油輸出禁止など経済制裁が科せられていく。とりわけ、海外からの直接投資の引き揚げは、南アフリカ経済にとって深刻な打撃となった。

アパルトヘイトに対する国内外からの反発を受けて、一九九一年に、南アフリカ政府と主要政党との間に国民和平合意が結ばれる。一九九四年には選挙が実施され、マンデラが党首のANCが勝利した。アパルトヘイトは幕を閉じたのだ。

つまり、端的には、南アフリカの和解とは、一九九四年以前の支配層だった白人と被支配層でアパルトヘイトの犠牲者となっていた非白人との和解であるといってもよい。

†和平プロセス

アパルトヘイトによって国際社会から孤立していた南アフリカが、その方針を変えるきっかけとなったのが、一九八九年のデクラーク新政権の誕生である。デクラーク大統領が、これまでの南アフリカ政府の方針を転換し、対話路線に舵を切る。すると支配層と被支配層との間に対話の兆しが見え始める。非合法化され、活動停止処分となっていたANCなどの反政府組織による集会やデモが認められ、マンデラを含む勾留中だったANCの指導者も釈放された。マンデラは実に二十七年ぶりに娑婆(しゃば)に出た。

デクラーク大統領を団長とする政府と釈放されたマンデラを代表としたANCとで交渉が始

まる。白人の側には、黒人との対話に対して根強い反発が残っていた。他方、黒人の側には武力闘争を譲らない勢力がいた。黒人勢力間の武力衝突が激化し、交渉は頓挫するかに見えた。すると教会と財界が紛争当事者たちに働きかけ、主要な政党や反政府勢力が参加した国民和平会議が開催される。そして、一九九一年九月に国民和平合意が調印された。とりわけ、黒人勢力のなかで鎬を削っていたANCとインカタ自由党（IFP）との対話を促した点で、後に真実和解委員会の委員長を務めたツツ大司教の功績は大きい。

しかし、和平プロセスは順風満帆ではなかった。一見すると白人対黒人という対立構造で理解されやすいのが、南アフリカの和解。しかし、とくに注目すべきは、部族ごとに分裂・対峙していた複数の黒人勢力間の争いが和平の障害となった点だ。この黒人勢力内部の対立は、支配者による被支配者の分断統治の結果だともいえよう。和平プロセスは、宥和的な対話路線を敷く者と武力衝突を辞さない強行路線を選ぶ者とに割れることが多い。たとえば、フィリピンのミンダナオ和平においても、主流派が対話に舵を切ると、断固として譲歩を認めない一派が分離して武力闘争を継続してきた。

傍流となった強硬派は、無差別爆破などのテロ行為に手を染めることになりやすい。実際に南アフリカでは、黒人勢力の過激派が白人に対するテロ活動を活発化させることで、白人側の右翼の台頭を許し、暴力の応酬となった。さらに、和平プロセスが進展すると強硬派（IFP）

は対話派（ANC）に対する攻撃を仕かけ、和平プロセスの頓挫を狙う。デクラーク政権はIFPと裏で結びつき、ANCに対する揺さぶりをかけたようだ。IFPはANC主導で和平プロセスが進展することに水を差したかったのだろう。一九九一年に国民和平合意が結ばれてから一九九四年に新政権が樹立されるまでの間に、一万六千名以上が政治的な暴力によって命を落としている（クロス、二〇一六）。

ただし、この強硬派や対話派といった区分けは、政策の違いに由来するとは限らない。たとえば、IFPはズールーという部族を支持基盤にする。多様な部族が混在する南アフリカの農耕牧畜民は、ズールーとコーサーとに大別できるようで、ANCを率いたマンデラはコーサーに属する（堀内、二〇二一）。こういった部族間の権力闘争の側面がなかったとはいえまい。

国民和平合意では、新たな憲法を制定するための制憲議会の発足と新憲法下での民主政権の樹立までの暫定政権の設立が合意された。和平プロセスでは、実に多岐にわたる項目が、各利害関係者によって討議された。討議の場は、民主南アフリカ会議と呼ばれる。既存の政党や反アパルトヘイト組織、独立したホームランド、独立していないホームランドの代表が集う。制憲議会での主要な争点は、政権側が主張した大統領の輪番制や少数派となる白人支配層の保護だった。他方、ANCは、選挙で勝利した側への全面的な権力移譲という主張を譲らない。

この行き詰まりを打開したのは、ANC側の譲歩だった。選挙後の連立政権を視野に入れた黒人と白人の権力分有を想定するとともに、公務員の職や年金を保障することも受け入れた。

一人一票の選挙になれば、多数派である黒人が、これまでの支配層であった白人に取って代わることは明白だった。そして、その多数派を占める黒人側が、これまでアパルトヘイトによる差別に喘いできたのだ。白人に対する恨みや怒りの感情を拭うことは難しかったに違いない。白人支配層の既得権益を解体して、勝者で分配しようと考えた人も多かっただろう。

ところが、そのような感情に流されずに、権力分有を構想できた点が、南アフリカの和平の要であり、和解の出発点だった。この英断は、ANCに和平プロセスの主導権を握らせることになる。同時に他の黒人勢力の反発を招く。しかし、多数派側の譲歩により、武力闘争が終結し、民主的な南アフリカを再建する道が開けたのだ。

†構造的暴力としてのアパルトヘイト

「構造的暴力」とは、ノルウェーの平和学者ヨハン・ガルトゥングが提唱した概念だ。構造的暴力の被害者は、具体的に名前を挙げることができる。だから南アフリカであれば、アパルトヘイトの被害者の氏名を挙げることはたやすい。他方で、差別のような構造的暴力の加害者を特定することは、必ずしも容易ではない。

もちろん罪もない非白人の市民に対し、不当な暴力を働いた警察官の氏名を挙げることはできる。そして、アパルトヘイトという構造のなかで抑圧を受けてこなかった人々は、その社会のなかでは加害者であったといえるのかもしれない。少なくとも犠牲者ではない。かといって、アパルトヘイト期に南アフリカに住んでいた白人全員がアパルトヘイトの加害者であり、その被害者に対して賠償や謝罪の責任を負うとは必ずしもいえない。ましてや、肌の色が白いからという理由だけで、意思決定や差別的判断をするような状況にいなかった乳児でも連帯責任を負う、というような議論は、少し乱暴に聞こえないか。

諫山創の『進撃の巨人』に登場する「ユミルの民」のカヤ（巨人に眼の前で母親を食い殺される）が、マーレのエルディア人戦士候補生のガビに問いかけるシーンと重なってくる。

アパルトヘイトをめぐる対立軸は、基本的には、白人（支配層）対黒人（被支配層）という単純な二項対立で語られることが多い。本章でも、デクラーク政権とANCの対話に焦点を当てたため、白人対黒人といった二項対立が際立つ描写となった。

しかし、アパルトヘイトの被害者には、アジア系住民などの非白人が含まれる。社会構造が変化するなかで、アジア系住民のような弱者のなかの弱者の声は、かき消されてしまいかねない。

インドの非暴力運動を率いたマハトマ・ガンジーは、南アフリカの列車のなかで差別を経験する。その体験が後の解放運動のきっかけとなった。この顚末は、リチャード・アッテンボロー監督『ガンジー』（一九八二）で描かれている。

私が一九九五年の夏にオーストリアで机を並べていた学友は、インド系南アフリカ人だった。当時の私は、ハンガリーとの国境沿いの街シュタットシュライニングにあるヨーロピアン平和大学の夏季集中講座に参加していた。その学友は、アパルトヘイト撤廃により、多数派の黒人が権力を奪取することで、力のない少数派（弱者のなかの弱者）であるアジア系住民の立場が悪化することを懸念していた。

さまざまな和平の事例においても共通して浮上する懸念だ。和平では、主要な紛争当事者の主戦場での闘いに終止符を打つことが優先されやすい。そのなかで、弱者のなかの弱者の意見は、軽視され、埋もれやすい。そして、主要な暴力を止めるために、彼らが構造的暴力の最大の被害者となってしまう。

†真実・和解委員会

南アフリカでは、アパルトヘイトの犠牲者である非白人が白人の罪を許すための仕組みの一つとして真実・和解委員会が設置された（阿部利洋『紛争後社会と向き合う――南アフリカ真実和解委員会』〔二〇〇七〕が参考になる）。

南アフリカのデクラーク政権とANCとの交渉の過程で、アパルトヘイト時代の人権侵害について裁くことを回避しなくてはならなかった。なぜならば、政権側が軍や警察などの治安機構を牛耳っており、彼らの協力なくしては新生南アフリカの船出は実現できなかったからだ。また、南アフリカ経済の主軸は白人のオーナーによって占有されている。彼らの協力なくして、南アフリカ経済の再起は難しい。

既得権益を握る者が和平の障害にならないように配慮し、さらには、彼らを南アフリカ再生の牽引車とせざるを得なかった。

南アフリカと対照的な措置を講じたのが、同じ南部アフリカで人種差別に喘いでいたジンバブエだ。ジンバブエも、当初は南アフリカと同様に融和政策を推進してきた。しかし、白人と黒人との格差の是正が進まない状況に業を煮やしたロバート・ムガベ大統領は、二〇〇〇年に土地改革と称して大鉈(おおなた)を振るう。白人の大農園経営者を追い出し、彼らが所有していた大農場を強制収用し、共同農場で働く黒人に再配分したのだ(外務省、二〇〇四)。この政策により農業生産が落ち込む。ジンバブエは深刻な経済的危機に瀕したという。

南アフリカの場合は、和平プロセスを推進するために、白人と非白人との「和解」が必要で、それは政治的な妥協の産物でしかなかった。

しかし、アパルトヘイト時代の人権侵害をすべて免責することは、アパルトヘイトのような人権侵害を不問に伏すことになってしまう。それは国際正義に反する。そこで、政治的な妥協の産物を正当化しつつも、アパルトヘイトの不正義を確認する試みとして、真実・和解委員会が想起されたのだ。政治的な妥協の産物を正義という名の美しい風呂敷で包む。それが真実・和解委員会の実態だった。

すでに第一章のカンボジアの事例において、応報的正義と修復的正義との違いについては言及した。南アフリカで導入された真実・和解委員会は、応報的正義の実現と修復的正義の実現を目指した取り組みであった。つまり、真実・和解委員会では、二つの異なるアプローチが抱き合わせとなっていた。

応報的正義のアプローチは、暴力の加害者に重きを置く。具体的には、アパルトヘイト期の軍や警察による暴力に焦点が当てられた。そして、政治的な妥協の産物として、「真実と引き換えに免責される」という原則が打ち立てられる。それを具体化するため、真実・和解委員会には免責を付与する権限が与えられた。

しかし、アパルトヘイト期に政権側が犯した暴力に対し包括的に恩赦を与えることに対しては、ANCは反対していた。また、人道に対する罪を不処罰にしてはいけないという国際世論も高まった。そのため、真実・和解委員会で免責を審議する過程は、通常の法廷のような、法曹専門家による厳格な手続きを経るように定められる。さらに、真実・和解委員会による免責付与の権限は、免責法や国民統一和解促進法によって規定され、法的根拠も整備された。

この免責の手続きは、応報的正義の考えが根底にあるものの、政治・経済的現実に即した落としどころを探った結果でもあった。もちろん、刑事訴訟の道も残されていた。とはいえ、基本的には、アパルトヘイト時代の暴力を不問に伏すことが、和解の道に通じると考えられていた。その意味では、応報的正義を追求するように見せかけた恩赦の過程であったといえる。

他方で、南アフリカの真実・和解委員会を特徴づける修復的正義の考え方は、次の点に顕著に現れている。「ウブントゥ」という南アフリカの黒人コミュニティに共有される和解のアプローチが、真実・和解委員会を包む思想的な風呂敷として導入された。ウブントゥの語源は、「人々」で、その意味は、ズールー語やコーサー語で「他者との関わり=絆」。最高の賞賛の言葉だという。日本語としては、思いやり、寛容、親切、情け深いなど、意訳ができる。

「人は、他の人たちを通して人になる（umuntu, ngumuntu, ngabantu)」

ツツ大司教の孫娘のムンギ・エンゴマニによる『ウブントゥ　自分も人も幸せにする「アフリカ流14の知恵」』（二〇二〇）に、その哲学が記されている。

真実・和解委員会では、このアフリカ土着の哲学を用いることで、修復的正義を実現しようと試みた。加害者の処罰に重きを置く、欧米的な応報的正義よりも、加害者と被害者との和解を説く、アフリカ的な修復的正義の優越性が強調された（クロス、二〇一六）。ウブントゥを持ち出すことで、アパルトヘイトの犠牲者である黒人の溜飲を下げる効果があった。ウブントゥでは、加害者と被害者が互いの語りに耳を傾け、体験を共有することで、関係の修復を図る。そして、その模様が一般に公開され、メディアを通じて人々と共有されたことも共通体験を作り出すうえで奏功した。

移行期の正義と和解を専門とするクロス京子によれば、この二本立ての枠組みは、矛盾を露呈したという。ウブントゥという風呂敷で応報的正義と修復的正義のアプローチを包んでみたものの、欧米的な応報的正義は和解には馴染まない。結局のところ、和平を実現するためには、包括的恩赦の要請を満たさなくてはならず、アパルトヘイト時代の暴力は、「免責＝忘れる、許す、不問に伏す」運命にあった。さらに、ウブントゥに代表されるように、真実・和解委員会がアフリカの伝統に根ざす試みであったことは、同時に非アフリカ系（白人やアジア系住民）が疎外感を抱く要因ともなった。

ジンバブエでムガベ大統領が試みた富の再分配は、アパルトヘイトに苦しんできた人々の本音を体現したものだった。ところが、南アフリカではアパルトヘイトの加害は免責された。支配層の特権は法的に守られた。富の偏在にはメスが入れられず、富の再分配も見込めない。この不満が爆発しては、平和的な再建どころではない。そのために和解が促された。政治的妥協に対して人々がめくじらを立てないように、真実・和解委員会が執り行われた。

2 和解の旅

†和解の成功例の実態

一九九〇年に獄中にいたマンデラは釈放された。その年に私は国際基督教大学に入学した。そして、ちょうどアパルトヘイトが撤廃された一九九四年に私は同大学を卒業して大学院に進む。進学先は、米国のジョージメイソン大学紛争分析解決研究所（現在は、Carter School for Peace and Conflict Resolution）。

そこは紛争解決学を学ぶ大学院だったこともあり、南アフリカの真実・和解委員会の試みは、和解の成功例として紛争解決学、平和構築論、移行期正義論などの授業で取り上げられていた。

そのため、一度は南アフリカを訪れ、和解の実態を、この目で見たいと思っていた。その機会が、コロナ禍が始まる直前に、ようやく現れる。国連システム学会が南アフリカのケープタウンから五十キロ東にあるステレンボシュ大学で開催されたのだ。大学の研究者には、国際学会に参加して自らの研究を報告するために、海外出張が許されている。

学会が開かれたステレンボシュは、南アフリカで二番目に古い入植者の街（白人目線の記述）。

ヨーロッパやニュージーランドの街を彷彿させる。白壁のタウンホールや教会、美しい芝の公園。幾重にも続くぶどう畑。ワインの生産地としても有名な風光明媚なところだ。

現地を訪れて、まず驚いたのは、アパルトヘイト後も、南アフリカでは白人と黒人とが別々に住んでいたことだ。学会参加を目的とした出張者の私は、会場のステレンボシュ大学を中心に、主に白人が住む地域において活動していた。だから、人口比率の割には、白人を見かけることが多かったのだろう。歓迎の挨拶をした市長は白人の女性だった。

この傾向は、学会だけではない。ステレンボシュ大学の教員や大学院生が集った研究会にも、同様の傾向が現れていた。出席者の多くは白人で、黒人は他国からの留学生を見かけただけだ。ところが、レストランの給仕として働く人々には黒人が多かった。

これまで、便宜的に白人、インド系、非白人、黒人など、アパルトヘイトが撤廃された後も、アパルトヘイトの土壌となった人種を肌の色で選別する思考に頼って綴ってきた。日本でも色白の肌、浅黒い肌、小麦色の肌などの表現はあるが、肌の色で人々を区別する習慣は、あまり見かけない。むしろ、性別、年齢、体型（痩せ型、中肉中背）などの特徴が用いられることの方が多い。南アフリカの人々を記述するのに、この人は白人で、この人はインド系で、この人は黒人で、といったように分類して表現することに違和感を覚えた。

他方で、そのような区分を使うことで、伝えたいことの真意がより伝わりやすくなるのではないか。たとえば、アパルトヘイト撤廃の前後を描写するビフォーの分類がアフターでは、どう変わったのかを浮き彫りにできる。とはいえ、この違和感から、言語が思考にもたらす利便性と危険性を垣間見ることができるだろう。

†黒人居住区「タウンシップ」

野生動物との出会いは南アフリカの魅力の一つ。南アフリカには、ライオンやキリンや象など野生動物を見学するサファリ・ツアーがある。動物保護区のようなところに車で見学に入っていく。富士サファリパークを巨大化したようなものだ。野生動物を探して果てしなく続くサバンナを彷徨する。ガイドをつけるのが一般的だが、私の場合は、取材先とホテルとの間の移動中に動物保護区を跨ぐ道路を利用した程度なので、ガイドはつけなかった。

幸運の出会いは一度だけ。取材を終えてホテルに戻るとき、道路脇の雑木林でキリンを見つけた。雑木林といっても、日本のものとは違う。サバンナの木々の色は新緑の緑ではなく、枯れた黄土色の葉っぱというイメージ。キリンの体の色は、その木々と保護色になっていて見分けがつきにくい。タクシーの運転手が気づき、わざわざバックしてキリン見物をさせてくれた。道路端からキリンの首が突如出てきたときには、大人気もなく思わず歓声を上げてしまった。

ここで動物保護区に触れたのには、それなりの理由がある。南アフリカには、動物保護区のように周囲を柵で囲まれた黒人の居住区「タウンシップ」が存在することを伝えたかったからだ。驚くことに、サファリ・ツアーのような形で、タウンシップを訪問する観光ツアーがある（『地球の歩き方』にも紹介されている）。

米国でよく見かけた「ゲート・コミュニティ」では、有刺鉄線と監視カメラで覆われた砦のなかに富裕層が自らを囲っている。

生まれて初めて沖縄県を訪問したときのことを思い出す。那覇市の酔ingというバーで、沖縄ロックのレジェンド「かっちゃん」こと川満勝弘（かわみつかつひろ）が、米軍基地をネタに漫談ライブを展開していた。基地を取り巻く鉄条網の話が、私の記憶に深く刻まれている。

「米軍は基地を柵で囲って砦を作っているつもりだが、実は、ウチナーンチュ（沖縄人）が米兵たちを柵で囲って出てこられないようにしているわけ」

かっちゃんは言い放つ。

これと同じ「サファリパーク」の論理が、南アフリカのタウンシップでも認められた。貧困層が居住区に密集し、そこが柵で囲われ、あたかも犯罪者や貧困層が出てこられないように、彼らを柵で囲っているようだ。

タウンシップは、ステレンボシュの近郊だけでなく、ケープタウンやヨハネスブルグといった大都市の郊外にも存在する。私が見かけたタウンシップでは、平屋がひしめきあう。トタン屋根の小さな家々が鮨詰めのように密集し、周囲は木製の柵で囲われていた。

「タウンシップは、旅行者が気軽に立ち入れるような場所ではありません。南アフリカの庶民の生活を知りたければタウンシップをめぐる観光ツアーに参加するといいでしょう」

そうタクシーの運転手は言う。残念ながら、出張期間が限られていたため、タウンシップは取材できなかった。屋根には所狭しとパラボナアンテナが設置され、電線がクモの巣のように張り巡らされている。電気は通っているだろうし、衛星テレビも見ることができるのだろう。

南アフリカのスラム街「タウンシップ」の話を書きながら、インドのムンバイで訪れた巨大なスラム街を思い出す。

その規模が、世界一といわれるムンバイのスラム街ダラビは、南アフリカのタウンシップとは比較にならないほど巨大だった。ムンバイでも、ガイドなしにスラム街に立ち入るのは危険だ。そこで、スラム街で支援活動をしているソーシャル・ワーカー（日本の民生委員のようなもの）にガイドをお願いした。

スラム街といえばトタン板で作られた長屋が密集する状態をイメージしていた。実際は想像を遥かに超える立派な街だった。驚いたことに、ムンバイのスラム街は不法占拠者が集まっているにもかかわらず、普通の街のように、水道や電気が通っている。商店も多数あり、賑やかな商店街を形成している。このスラム街では、革製品が有名なようで、本革ベルトを売る店が何件も軒を連ねていた。

ガイドに連れられ、彼が支援する家庭を訪問させてもらう。スラム街の住民の生活は、想像していたものとは、かけ離れていた。家のなかには、テレビがあり、子どもたちは衛星放送を観ている。家具も揃っている。ごく普通の庶民の生活と何ら遜色がない。ここがスラム街の家庭だといわれなければ、わからなかっただろう。

日本の団地のような建築物が所狭しと乱立している模様を想像してみてほしい。そんな場所に、政治家が選挙活動をする車（日本では街宣車という）が来て、大きなスピーカーから何かを訴えている。住民は不法占拠者なのだが、選挙権はあるのだろう。

†心のなかの見えない壁

高級住宅街とタウンシップとの違いは、南アフリカの光と影。白人と黒人との間に横たわる格差の象徴だ。アパルトヘイトが撤廃され、政治的な和解は実現したことになっている。しかし、人種間の融合は進んでいない。引き続き大きな格差が残る。法的な差別や隔離政策はなくなっても、人々の心のなかには見えない生理的・心理的・文化的な壁が存在するのだ。

もはやアパルトヘイトは存在しない。だから、見えない壁を越えようとすれば、それは簡単に越えられる。しかし、パウロ・コエーリョが『アルケミスト』（一九九七）で描いたように、安住の地を捨て、境界を越えて見知らぬ土地を冒険しようとする者は少ない。居心地のよい壁の内側に留まることを好む。『進撃の巨人』でも、壁内で安住していた民は、壁外へと冒険する調査兵団を気狂い扱いする様が描かれる。

同様のことが、南アフリカでもいえるのではないか。差別的な法律や政策は、もう存在しない。白人と黒人とが職場で交わることがあっても、私的な領域では、互いに境界を越えることはない。あたかも別の社会に所属するような関係を維持している。公には同じ場所に暮らしていても、黒人は柵で囲われた「タウンシップ」に集まって独自の社会を築く。柵外の白人とは私的に交わることは少ない。白人は高級住宅街に住み、お洒落なレストランで食事をする。そこには、使用人や給仕として働く黒人の姿はあっても、家族ぐるみのつきあいはない。

私が滞在したホテルのオーナーは、広大なワイナリーも所有する白人だ。ところが、敷地内で見かけた従業員（受付、部屋の清掃係、レストランの給仕係）は全員黒人だった。一般的には、アパルトヘイト撤廃とは、形式的・法的差別をやめ、黒人と白人とが和解をしたことを指す。しかし、和解したからといって両者が手を取りあって仲良く暮らしているというわけではない。これが南アフリカの「和解」の結果であり、実態なのだ。

もちろん、私は、南アフリカ社会のごくごく一面しか見ていない。見えていない部分が、たくさんあるのは百も承知だ。しかし、私が垣間見た一面が、南アフリカの和解の一般的な姿だとしたら、それは和解といえるのか。過度に、人工的に、不必要に交わらない状況は、和解の形の一つなのか。そうでないとすれば、あるべき和解の形とは、どう定義できるのか。和解後の人間関係、民族関係、国家間関係は、どうあるべきなのか。こんな疑問が浮かんできた。

ロバート・B・チャルディーニが『影響力の武器』(二〇一四)で指摘したように、人種混合を学校に導入したとしても、それで人種間交流が増えて相互理解が深まるわけではない。まして差別や格差がなくなるわけではない。適切な条件下での接触機会が増えれば、相互理解が促進されるとする理論(intergroup contact theory)がある一方で、未知との遭遇という状況下では、人々は疑心暗鬼に陥り、異文化交流が、かえって摩擦を生む。和解の形とは、相互に適度な距離をおいて共存している状況なのではないか。タウンシップを見ながら、ふと思う。

コラム3 南アフリカのワインと郷土料理

南アフリカのワインは、とても美味しい。そして、とても安い。日本のレストランでワインを注文すると、場合によっては食事よりも高価になることがある。格安スーパーでボトル一本千円のワインをレストランで飲めば一杯千円することもある。思わず注文するのをためらってしまう。

そんな経験があるワイン好きには、南アフリカはオススメだ。ワインが安いだけではない。ボトルの値段がスーパーとレストランとで同じなのだ。だから、料理に合わせて、おいしいワインをレストランで満喫できる。そして財布に優しい。

ステレンボシュでの食事といえば、Duke & Duchess のことを書かずにはいられない。南アフリカ人の友人のセドリック・デコニングに連れて行ってもらったブティックホテルにあるレストラン。客層はリッチな白人が中心で、黒人や若者は見かけなかった。

中庭のオープン席に座り味わった郷土料理のビーフボボティは、格別に美味しかった。合わせて注文した白のハウスワインは、フルーティーだが、ビーフボボティに負けないキレがあった。ビーフボボティはカレーのような風味がした。もともと現在のマレーシアあたりから南アフリカに連れてこられた人たちが、もたらした料理だという。

料理という文化も人や物とともに移動し、伝播し、アレンジされ、融合していく。東南アジアの香りが漂うビーフボボティが口に合う人は多いのではないか。静岡県焼津市にある「いちまる」という食品会社が、加工肉を世界の地方料理のレシピとともに通販している。ビーフボボティのレシピが紹介されている。食べてみたい人は試してみては。他にも世界の地方料理シリーズには、本書の第七章で登場するハンガリーで食べたグヤーシュ（ビーフシチュー）もある。コロナ禍で海外旅行ができないながらも旅の醍醐味の一つである海外の地方料理が楽しめる。

3　和解の景色

†政治的妥協の産物

第一章で見たカンボジア内戦にしても、本章で光を当てた南アフリカの反アパルトヘイト運動にしても、争ってきた者たちが和平合意を結ぶためには、妥協が欠かせなかった。政治的妥協によって、和解の基本条件が定められ、その大枠のなかでしか、和解を実施できない。この現実は、檻に閉じ込められた小鳥たちのさえずりに聞こえる。

しかし、既得権益を握り実力を備えた勢力が和平を支持しない限り、和平は絵に描いた餅になってしまう。和平によって、彼らの既得権益や地位が奪われるとしたら、どうして彼らは富と権力を捨ててまで、和平の道を選ぶだろうか。彼らに和平の道を選ばせることが、流血を止め、差別を軽減する第一歩になる。そのためには、和平を希求する勢力は、それなりの代償を払う覚悟が必要だ。しかし、妥協を重ねすぎ、代償を払い過ぎたと支援者に思われては、和平は頓挫しかねない。犠牲者側の抑圧された感情も解放しなくてはならない。

そのために、紛争後の民主的な選挙や戦犯を裁く法廷や加害者と犠牲者の和解を促す真実・

和解委員会が実施されてきた。これらの取り組みで、政治的な妥協の産物を覆い、平和の神殿として装飾してきたのだ。

ここで浮上する倫理的課題は、平和のために正義が犠牲になるというトレードオフと言い換えることができる。正義を追求するあまり、紛争の終結を遅らせてしまい、より多くの流血を招くリスクが一方である。他方で、紛争の終結を急ぐあまり、犠牲者の声よりも加害者の声を優先させて、不正義や不処罰を正当化しかねないリスクがある。

修復的正義の実現を掲げた南アフリカの真実・和解委員会は、トレードオフのベクトルにある二つのアプローチをウブントゥによって接合しようとした。実際に、アパルトヘイトは撤廃され、民主的な南アフリカが船出を果たす。その実態をこの目で確かめた末に見えてきたことがある。それは、和解とは、互いに干渉しない物理的・社会的・心理的距離を保つことで維持されるという点だ。和解のために、心の壁を維持すべきなのか、それとも壁を取り払うことが真の和解に通じるのか。答えは明らかではない。

†異なるスタートライン

白人も非白人も、ともに南アフリカ国民だ。黒人の祖先が先に定住した。白人やアジア系の先祖は後から渡来した。後から来た「民族」が、先にいた「民族」を蹂躙し、駆逐し、支配した結果、アパルトヘイトが生まれた。アパルトヘイトが撤廃されたとはいえ、現在の南アフリカは、そのような遺産の上に成り立つ。

では、先住民の末裔は、祖先が奪われた権利や尊厳を、どこまで回復できるのか。強奪した側の末裔は、強奪した富によって築かれた社会的地位や繁栄を手放さなければならないのか。

同じ南アフリカ国民でありながら、タウンシップで産声をあげた子どもと高級住宅街で生まれた子どもは、そもそもスタートラインが違う。そのような格差は、構造的暴力の一要素。構造的暴力には目を背け、単に武力闘争が止めば、それでよしとしていいのか。

南アフリカでは、政治的妥協が得られたため、多数派による少数派に対する復讐は避けられた。しかし、その陰で、多数派の多くの人々がタウンシップで暮らす。さらにいえば、ウブントゥは、民族を超えた包括的な共同体の概念として提示されたものの、現実においては、「少数派のなかの少数派」の声はかき消された。そして、多数派のなかにも多くの分派があるように「少数派のなかの少数派」にも、さらに分派がある。

†差別を語る言語の束縛

構造的暴力の視点は、過去を語るときの私たちが、その構造に組み込まれていることを自覚させてくれる。アパルトヘイトが廃止された現在の南アフリカにおいて、白人と非白人とを分けて議論することは適切なのか。なぜ、人々を肌の色で区別しなくてはならなかったのか。そもそも人間の肌の色はグラデーションであって、真っ白な肌や真っ黒な肌をもつ人などいない。

では、アパルトヘイトを経験した南アフリカで、和解を語るときに、肌の色で人々を分類する方法を用いずに、語る術はあるのか。これらの用語を使わなければ、話が過度に複雑になってしまうだろう。過去の負の遺産がなかったかのように、話をすることも叶わない。こうした分類区分を使って話を進めざるを得ない。現実を生きる私たちは、過去に遡って議論するときに、同様の構造的暴力から生み出された言語や枠組みでしか物語ができない。南アフリカの和解を語ることで、こんな事実に気がついた。

紛争地を歩く知恵2

ヨハネスブルグではUberタクシーを使え

ヨハネスブルグは治安が悪い。犯罪に巻き込まれないようにと『地球の歩き方』は警鐘を鳴らす。紛争地で戦闘に巻き込まれて亡くなる確率よりも、犯罪に巻き込まれて命を落とす確率のほうが高い。犯罪都市では事前情報を頼りに冒険的な行動は慎む。

ヨハネスブルグでは、移動にUberタクシーを利用した。Uberタクシーには、信用の問題がある。トラブルに陥るリスクを懸念する向きもいるだろう。コロナ禍で、日本でも出前はUber Eatsで注文する時代になった。心理的な抵抗はだいぶ薄れたに違いない。

スーダンの首都ハルツームではUberタクシーはなく、運転手には英語が通じない。目的地を身振り手振りで伝えるのに難儀した。

しかし、業界の障壁や行政上の規制があって、Uberタクシーは日本では浸透していない。むしろ、コロナ前には、中国からの観光客が白タクをネットで手配することに眉を顰めていた業界団体が多い。批判的な報道もなされていた。

日本の感覚だと、交通事故にあったときの損害賠償や医療保障などを勘案すると心配は募る。しかし、紛争地のタクシーに、そのようなことは、もとから期待できない。だから海外旅行傷害保険に加入してから、旅に出かけるのではないか。

私が世界各地でUberタクシーを利用してきた経験を総合すると、メリットのほうがリスクに優る。現地の言葉が話せなくても、手配するときに、乗車場所と目的地を入力すれば、料金が事前にわかる仕組みはありがたい(外国人はぼられるのではないかという心配は常につきものだ)。乗客からのレビューがスマホで確認できる。評判のよい運転手を呼べばいい。だから、運転手は悪いレビューを書かれないように努力する。よって、むしろ流しのタクシーよりも安全だというのが、私が辿り着いた結論だ。

不慣れな土地でタクシーをどこで拾えるのか。この場所で一人、タクシー待ちをしていても安全なのか。このような情報がわからないなかで、スマホでUberタクシーを呼べるのは、安全対策としても有益だ。なぜならば、犯罪に巻き込まれるのは、周囲に人々がいない状況が多いからだ。

第三章

インドネシア

——民主化という名の和解

インドネシアのジョクジャカルタにあるガジャマダ大学の安全保障・平和研究センター。

和解の旅の第三幕はインドネシア。冷戦期には、スハルトによる開発独裁が続き、冷戦後も一九九七年にアジア通貨危機が襲うまでは、独裁体制が敷かれていた。インドネシアからの分離独立を目指す勢力は、独裁のくびきから解放された後も闘争を続けた。内戦の終結に伴うインドネシア政府と反政府武装勢力との和解は次章に譲る。本章では、開発独裁という特殊な状況下から、民主制へとインドネシアが脱皮を遂げる過程で、明らかになった和解の形を見極めていく。

インドネシアにおける和解は、誰と誰の間の何をめぐる和解となるのか。本章では、開発独裁下の元体制派と独裁の犠牲となった民衆との和解を考えていく。独裁者に加担した軍部が、民衆の敵となってもおかしくない。しかし、民主化の過程で軍部はうまく立ち回った。新しいエリート層に擦り寄り、彼らの懐に深く食い込む。

独裁者が打倒され、新しい権力が擁立される過程において、本当に和解が実現したのか。この問いを本章では明らかにしていく。

1　和解の背景

†スハルト開発独裁

第二次世界大戦での日本の敗戦が決まると、一九四五年八月十七日にスカルノがインドネシアの独立を宣言する。だが、旧宗主国のオランダが、それを許さない。軍を派遣してインドネシアの独立を阻む。インドネシアは、オランダとの独立戦争に立ち上がる。この独立戦争を率いたのが、デヴィ夫人の夫のスカルノ初代インドネシア大統領だ。

冷戦期を迎えた世界は、東西両陣営に分かれて対峙していく。そのなかで、インドネシアのスカルノ大統領は、米ソのいずれにも与しない非同盟運動の盟主となる。しかし、南北に分断されていたベトナムで内戦が勃発する。自由主義陣営の間では、東南アジア全域への共産主義の拡大が懸念された。非同盟を貫き、共産主義との対峙を避けるスカルノの失脚を米国は画策した。裏でスハルトの台頭を支えたとされる。そして、米国の思惑どおり、ことは運ぶ。スハルト独裁政権は反共の砦としての役割を果たす。

スカルノから権力を奪取したスハルトが、独裁体制を確立していく。当時、インドネシア国軍の少将でしかなかったスハルトが、スカルノ大統領から権力を奪取した過程は複雑だ。批判を覚悟で大雑把にいえば、インドネシア国軍の左派が引き起こしたクーデターをスハルトが鎮圧することで、スハルトはスカルノを辞任に追い込み、実権を掌握した。

一九六八年に第二代インドネシア大統領に就任すると、以来一九九八年まで三十年間にわたりスハルトは独裁政権をインドネシアに敷く。

スハルトによる独裁は、フィリピンのフェルディナンド・マルコスによる独裁と並んで「開発独裁」と呼ばれることが多い。冷戦期に共産主義が拡張するのを力で押さえつけ、経済成長に必要な安定を実現するという目的のために、独裁が肯定されてきた。

『アクト・オブ・キリング(The Act of Killing)』(二〇一二)というドキュメンタリー映画では、共産党員狩りに手を染めた人々が、赤裸々に殺害方法などを証言している。彼らには反省の色がない。楽しそうに殺人を再現する。観ていて背筋が寒くなった。

開発独裁の特徴は、人々の政治的な自由や民主化の動きよりも、経済成長が優先される点にある。独裁政権の正統性を維持するためには、経済成長の果実を人々に分配し続けなくてはならない。恐怖政治のみに頼る独裁との違いは、この「配当」が開発独裁の正統性を担保してきた点にある。どちらの場合も、民衆の反乱を防ぐために、一部のエリートが軍隊を支配下に置くことが不可欠な条件となっている。民衆の方がエリートより人数が多いため、民衆の反乱を

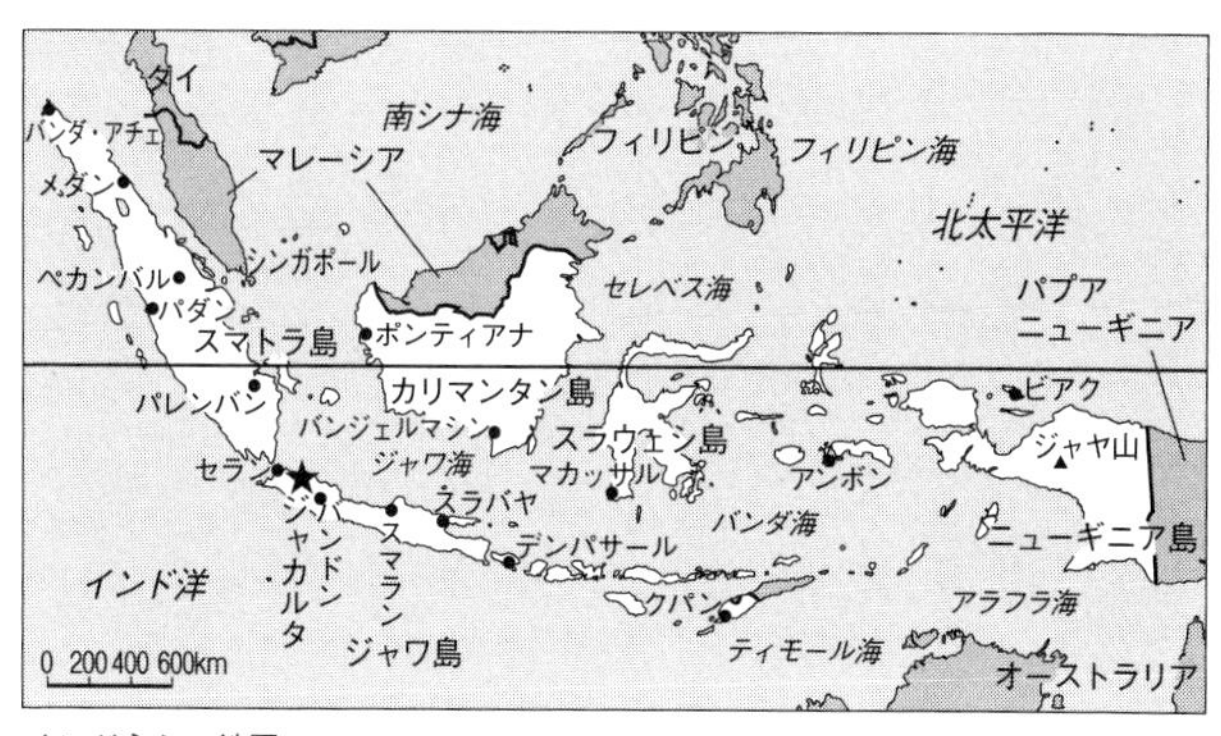

インドネシア地図

いかに防ぐかが、独裁の維持にとって鍵となるからだ。

軍部が独裁を支え、独裁者が軍エリートを優遇する。この互恵関係が続く限り、民衆の側が独裁者を排除することは難しい。したがって、軍が動かなければ、支配と被支配の関係が変わることはまずない。軍が民衆の側に加勢すれば、革命が成功する。あるいは、軍が独裁者を見限って、クーデターを企てることもある。

インドネシアでは、軍が独立の英雄とされ、国の運営に対して一定の正統性を主張してきた。したがって、国軍が独裁者を擁護している限り、民衆に勝ち目はない。ところが、一九九七年のアジア通貨危機により国民の不満が高まると軍内部で下剋上が始まった。下剋上が成功するためには、新興エリートが軍部の協力や民衆の支持を勝ち取ることが重要になる。

スハルト開発独裁の基盤は、国民の権利を制約する代わりに開発で得られた果実を国民に還元するという暗黙の了解だ。だから、冷戦が終結して共産主義の拡張の恐れがなくなり、一九九七年のアジア通貨危機の影響で経済成長に陰りが見えると、開発独裁の基盤が揺らぐ。国民の不満が高まり、民主化運動につながっていく。

†独裁から民主化へ

スハルト独裁政権下、共産主義者は弾圧を受けていた。しかし、政権批判を避け、イデオロギーで対立していなければ、弾圧されることはない。

一方で、開発独裁では、経済的な利権が特定の権力者とその取り巻きに集中しやすい。独裁者が権勢を維持するためには、協力者が不可欠である。そして、協力者との間には、親分子分関係が生まれる。もちろん、子分たちを粛清の恐怖でコントロールすることもできる。しかし、多くの場合は、彼らの忠誠心を維持するために、応分の分け前を彼らに対しても配当しなくてはならない。論功行賞といえば聞こえがよい。だが、これは腐敗の温床にもなりかねない。

スハルト独裁体制の崩壊のきっかけは、アジア通貨危機が招く。経済成長の鈍化は、配当の原資を減らす。生活が困窮するため、民衆の不満が高まる。配当が少なくなれば、軍部の不満も燻ってくる。つまり、独裁を支えるためには、潤沢な配当を軍部に与え続けなくてはならない。配当の原資が先細りすれば、軍部が独裁者を見限り離反しかねない。新権力を軍部が打ち立てる場合はクーデターとなる。別の文民エリートが民衆を煽動した場合には、民主化という名の革命になる。いずれにしても、権力の移行における軍部の役割は絶大だ。軍部が体制移行の流れを決定するといっても過言ではない。

インドネシアの場合、軍部が独裁者スハルトを見限り、民衆の側につくことで民衆を勝ち馬に仕立て上げた。スハルトの近親者が富を蓄えるなかで、経済的に苦しむ民衆の不満が高まり、ついに怒りに火がついたところを、軍部がうまく仲立ちをした。とりわけ、血気盛んな大学生が、革命を叫んで活発に動けば、道を踏み外して流血沙汰になることは避け難い。しかし、軍部が学生を弾圧しなかったので、民主化運動が過激化することはなかった。

スハルトを頂点に彼を取り巻く権力層の汚職や不正な貯蓄に対する民衆の不満が、民主化運動を突き動かす。よって、独裁下で抑圧された言論の自由や信教の自由を取り戻すための闘いとして、人々が立ち上がったわけではない。むしろ、開発独裁に必須の「配当」が減ったことに対する不満が、インドネシアにおける民主化運動の原動力となった。

†独裁後の正義の追求

民主化運動の結果、流血なくスハルトの退陣が決まる。「改革」という名の権力体制の移行が、インドネシアでは進む。この一連の過程を描いたのが、本名純(ほんな)『民主化のパラドックス』

（二〇一三）。本名によれば、スハルト時代から既得権益を握ってきたインドネシア社会のエリート層が、スハルト退陣以降も引き続き利権分配をめぐる権力闘争の主要アクターとして君臨している。

民主化運動で生まれた新しいエリート層が、利権分配の仕組みに組み込まれることで、富の再分配に預かり、改革は骨抜きにされる。この社会構造のなかに国軍や警察も位置づけられた。国軍や警察の首脳たちも紛争やテロを梃子に勢力を維持し続ける。岡本正明『暴力と適応の政治学』（二〇一五）が暴くように、民主化を支える裏社会の暗躍もめざましい。

インドネシアで民主主義が安定している背景には、政治家、国軍・警察、官僚、実業家、裏社会が、利権を享受しているからにほかならない。そして、それを支える経済成長が続く。このことは、和解というものを現地社会の構造と文脈のなかで理解することの大切さを示唆する。自分の物差しや価値観に照らしあわせて、理解してはいけない。

独裁後のインドネシアでは、正義の問題は、どのように扱われたのか。まずは、不正に対する処罰が試みられている。スハルトは辞任に追い込まれ、起訴もされた。スハルト一家の不正蓄財に対する裁判が起こされた。しかし、健康上の理由で公判中にスハルトは入院してしまい、帰らぬ人となる。開発独裁であったため、ほかのエリートや軍部の連帯責任は避けられない。だから、開発独裁時の人権侵害は不問に付された。スハルト一家の汚職は裁いたが、スハルトを頂点とする支配体制については、首をすげ替えることで、首から下は無傷のままとなった。

つまり、新しい衣を纏った権力者は、過去の人権侵害を追及しなかったのだ。あたかも自らの衣に火の粉が降りかかるのを避けるかのようだった。被害者側からの訴えも聞き入れられない。民主化の影響が及んだとすれば、スハルト開発独裁時に軍事的圧政の被害を受けたアチェと東ティモールとに限られていたのではないか。アチェでは和平がまとまる。東ティモールは独立を果たす。しかし、責任追及はされなかった。同様に圧政下にあった西イリアン（パプア）では、状況は好転しない。今でも人権侵害の懸念が続く。

コラム4　苗字のない名前

スハルトには苗字がない。苗字のないインドネシア人に私が初めて出会ったのは、米国留学中だった。残念ながら、彼の名前は失念したが、そのときの笑い話を今でも覚えている。彼が米国の役所で登録をするときのこと。ファーストネームのところに彼の名前を書き、ミドルネームやラストネームは空欄にして書類を提出した。すると役所の担当官が「あなたのラストネームは」と聞く。「その、ラストネームとは何ですか」と聞き返す。「ファミリーネーム」「家族の名前か……家族の誰の名前を書けばよいのですか」と尋ねると「あなたの父親と同じものを書くように」と担当官。その結果、彼の身分証明書には、彼の父親の名前が苗字として記載されることになった。

ちなみにデヴィ夫人が嫁いだ初代インドネシア大統領のスカルノにも苗字がない。事情が同じか否かは不明だが、かつて大日本帝国が南洋庁を置いて統治した太平洋の島国のパラオでも、日本ではファーストネームとして用いるマツタロウ、ハルオ、ヒデオという苗字をもつ人に出会った。

2 和解の旅

†独裁末期の教育現場

私がインドネシアを初めて訪問したのは、開発独裁の基盤が揺らいできたスハルト独裁末期の一九九七年。米国留学時代のハウスメイトのサムス・リザル・パンガビアンに請われてインドネシアを訪れた。リザルは帰国するとジョグジャカルタにあるガジャマダ大学で教鞭をとっていた。彼が所属する安全保障・平和研究センターや彼の授業で講義をする機会を得た。

講義の前に大学の売店でインドネシアの民族服であるバティックを購入し（本来はろうけつ染めだが、私が購入したものは安物のプリント柄）、その服を身にまとい講義に臨む。後で判明したのだが、私が購入した服は、国立大学の職員の制服だった。

安全保障・平和研究センターの所長が講師紹介する場面になって「講師はまだ到着していないようです」というので、「私はここにいます」と手を挙げると「あ、ここにおられましたか。どうして日本人のあなたが公務員の制服を着ているのですか」と所長。爆笑が起こり、期せずして講義のツカミとなった。独裁政権下で人々は苦しんでいたはずだが、彼らも笑う。こんな単純なことに気づく。

独裁政権の末期だったからか、大学のキャンパス内でも、近所の市場でも、リザルとともに礼拝に向かったモスクでも、とくに緊張を強いられるような場面はなかった。

ただし、授業中の学生が、とても静かだったのは印象に残っている。周囲の目が気になるのか、政治的な話題に対して自分の意見を述べるような学生はいない。講義後に英語が得意そうな学生を誘いだし、周囲の目が気にならない場所で話を聞くことにした。

「教員やクラスメイトの誰かが政府とつながっているかもしれないのです。政権を批判したことを密告されるのが怖くて、迂闊に発言できません」

疑心暗鬼になって授業中は自分の意見を誰も述べないのだと、その学生は教えてくれた。後になって気づくのだが、学生の受講態度は民主化後にガラリと変わる。スハルト独裁が終焉した後もリザルは私を招聘してくれたため、独裁崩壊前後での比較ができた。

一番の驚きは、自由闊達に意見を述べる学生が教室に、学食に、校庭に、満ち溢れていたことだ。休み時間に校庭で遊ぶ小学生のような生き生きとした顔で学生たちが政治談義に花を咲かせている。独裁が崩壊して一年しか経っていないのにもかかわらず、この変わり身の早さには正直驚く。変化は、学生だけにとどまらず、教員にも及ぶ。一方的な講義形式の授業から、学生同士で議論させる授業スタイルを採り入れる教員が増えていた。

しかし、情報不足は否めない。まだインターネットが発達していない当時、インドネシアが抱えていたアチェや東ティモールでの独立紛争について、詳しく知っている学生には出会わなかった。次項で紹介する一人の例外を除いては。

†父の仇との和解

スハルト独裁が終焉するとリザルは、ガジャマダ大学に平和・紛争解決学の修士課程を立ち上げた。この修士課程にゲスト講師として再び呼ばれたときのこと。

そこで、東ティモールから留学に来ていたナタリーノ・ソアレスと出会う。彼の父親は、ゲリラ兵として、インドネシアの軍事占領に対して抵抗運動をするなかで命を落とす。ナタリーノの目の前で殺されたそうだ。

父親の仇のはずのインドネシア政府から奨学金をもらい、インドネシアの大学院に進学することに対して、わだかまりはなかったのか。ナタリーノに尋ねた。

するとかれは、表情を曇らせることなく、次のように返答した。

「インドネシアには平和について学びにきたのです。大学の先生たちやクラスメイトは、親の仇だとは思っていません」

幸か不幸か、ナタリーノは、インドネシア統治下の東ティモールで生まれ、インドネシア語で教育を受けた世代だ。そのお陰で、インドネシア語で開講されている大学院の授業にも十分ついていけるという。英語は苦手だが、留学中に英語もできるようになりたいと語っていた。

ナタリーノの父親のように、インドネシアの軍事占領に対して抵抗運動を展開したゲリラ兵は、ファリンティルという呼称で東ティモール人の間で親しまれてきた。ナタリーノのように、家族を抵抗運動で亡くした遺族の支援について、彼は当事者として関心を抱いていた。修士号を取得した彼は帰国し、東ティモール国立大学において教職に就く。

その後、私が沖縄平和協力センターの事業を東ティモールで展開するときに、このときの縁を頼りに、ナタリーノに協力してもらう。平和構築や紛争解決学を学んだ彼は、東ティモールで紛争予防の事業を展開しようとしていた私にとって大変ありがたい存在だった。

ところで、この縁はリザルの仕組んだ和解工作の賜物だ。大学院の研究科長をしていた彼は、アチェ、ポソ、アンボン、西イリアン（パプア）などのインドネシア国内の内戦を経験した地域や東ティモールからの学生を意図的に選んで受け入れていた。

当時、日本やインドネシアや東ティモールでは、平和構築や紛争解決学を専門的に学べる大学院はなかった。そこで、このような教育課程を創設し、そこに和解に取り組む人材を集めることで、和解の環境整備を図ったのだ。

私も、リザルに倣って、早稲田大学国際教養学部で教鞭を取るときに、日本人とアジアからの留学生との対話の機会を設けるように努めている。互いに机を並べて、紛争解決学を学び、平和構築を語ることを通じて、互いの視点の違いを認識してもらう。対話が共通理解を促すことを試みてきた。

また、キャンパス・アジアと呼ばれる文部科学省補助金事業を通じて、中国の北京大学と韓国の高麗大学と協力して「多層的紛争解決・社会変革のためのグローバルリーダー共同育成プログラム」の立ち上げにも携わった（https://www.waseda.jp/campus-asia/）。

†独裁者スハルトの功罪

独裁政権下で見聞きしたスハルトの評判について少し触れておこう。独裁末期だったとはいえ、スハルトや彼の一族に対して批判的な意見を述べる人には出会わなかった。

もちろん、独裁政権には陰の部分がある。人々は不満を抱いていたに違いない。しかし、私的な場所で話を聞いても、スハルトの政策を評価する声を多く耳にした。

たとえば、日本にならって導入した母子手帳や保健士が妊婦を訪問して出産に関する助言や出産後の幼児に対する予防接種等の世話をする仕組みは高く評価されていた。日本の取り組みが、インドネシアでも受け入れられ、人々の生活に役立っている。母子手帳の交付だけでなく保健士によるケアも含めたシステムを提供したことがよかったといえよう。巨額の資金を投入しなくても、人々の福祉に役立つことができるのだ。

学友のリザルは、留学から戻ると直ちに長男を授かる。そういう事情もあって、保健士による出産後の家庭訪問や母子手帳が実際に使用されている様子を、この目で確認できた。

リザルはスマトラ島出身のバタック人。彼の奥様はジャワ人。子どもと母親の会話はジャワ語で交わされる。リザルと彼の実母との会話はバタック語、リザルと妻や子どもたちとの会話は標準語のインドネシア語。同じ国家のなかでも、いや、一家庭のなかでも話される言葉が複数あるのを間近で経験し、多民族国家の一面を垣間見た。

リザルの祖父は第二次世界大戦中に日本軍の道案内役を務めたこともあり、片言の日本語を話したそうだ。ジャングルを日本軍と行軍中に野生の虎に遭遇したときのこと。祖父が虎の眉間に指を突き立て虎をいなし、日本軍を虎から救ったという武勇伝が家族に伝承されている。

ここで、リザルの武勇伝も紹介したい。ミンダナオにアブサヤフと呼ばれる組織がある。この組織は、無辜の市民を誘拐して身代金を要求することで悪名高い。アブサヤフに、インドネシアの漁船が拿捕され、乗組員が拉致された。インドネシア政府に対して身代金の要求がなされる。インドネシア政府の立場は、「犯罪者には身代金を払わない」というものだった。そこで、イスラム過激派を研究していたリザルに白羽の矢が立つ。彼は拘束されている漁民の解放交渉のためミンダナオに向かう。

モロ・イスラム解放戦線とアブサヤフとは支配領域が重なる。なかには血縁関係でつながる人物もいることから、モロ・イスラム解放戦線と仕事をしたことがある私にリザルが相談に来た。私は、モロ・イスラム解放戦線との広いネットワークをもち、その要人たちと懇意にしていた広島大学時代の同僚にリザルをつなぐ。

リザルは、その人脈を活かしてアブサヤフ関係者との接触を果たす。交渉が成功し、人質は解放される。リザルに、その成功の秘訣を聞く。

「アブサヤフを犯罪者やテロリストとしてではなく、人として扱いました。彼らにも動機があるはずです。彼らの目的を満たし、満足のゆく解決策を編み出せれば、人質は解放できるという信念で交渉にのぞみました」

リザルは、インドネシア政府から、身代金の支払いはできないと釘を刺されていた。そこで、アブサヤフの幹部らと膝を突きあわせ、彼らが自分の子どもたちに望む将来を語りあったという。彼らは子どもたちに、質の高い教育、貧困からの脱出、犯罪に手を染めないイスラム教徒としてのまっとうな人生を望んだ。そこで、リザルは、アブサヤフの子弟を、インドネシアのアチェに創設した学校に受け入れることを提案した。

インドネシア政府からアブサヤフに身代金は手渡せない。だが、その学校に対して補助金は出せる。それをうまく活用して、アブサヤフの子弟に対する奨学金プログラムを立ち上げた。アチェはシャリア（イスラム法）のもとにあるため、同じイスラム教徒のアブサヤフは安心したそうだ。彼らの子どもたちを全寮制の学校で預かっていれば、アブサヤフは、今後、インドネシア籍の漁船には手を出せない。つまり戦国時代の人質交換のような関係を築く。

しかし、この解決策に対しては、学校に子どもを預ける地域の父兄から、異議が唱えられた。過激派の思想に染まったアブサヤフの子弟が入学し、自分の子どもが過激思想に触発されては大変だという懸念が表明された。反対する父兄に対してリザルは次のように語りかける。

「あなたたちもインドネシア政府から、過激派やテロリストと名指しをされてきた過去がありますね。しかし、あなたたちは、まっとうなイスラム教徒として生きたかっただけでしょう。

求めるものが満たされれば、過激な言動をする必要もない。これは、あなたたち自身が立証してきたことではないですか。質の高い教育を受け、よい環境で育てば、暴力や犯罪に手を染めることもなくなるのではないですか」

こんな言葉をかけて、反対する父兄たちを説得した。

だが、このときの心労がたたり、リザルは、心筋梗塞で帰らぬ人となってしまう。彼を早稲田大学に招聘して、国際会議を開催しようとしていた矢先の悲報だった。すべての手配を終えて、いよいよというときに訃報がもたらされた。航空券を予約していたガルーダ・インドネシア航空に連絡する。渡航直前だったので、航空券のキャンセルと運賃の払い戻しは難しいだろうと考えていた。しかし、電話で対応してくれた職員は、次のように快く応じてくれた。

「パンガビアン氏はインドネシア国民のヒーローです。テロリストから人質を解放してくれたのですから。キャンセルと払い戻しの手続きは承りました」

コラム5　テロリストとの交流

私は多くのテロリストたちと知己を得た。スリランカのタミルの虎を指揮したKP。イルワンディ・ユスフ、バカティア・アブドゥラ、ヌル・ジュリなど自由アチェ運動の戦士たち。東ティモールの女性戦士のベロニカ。独立後に大統領や首相を歴任するシャナナ・

モロ・イスラム解放戦線のキャンプ・ダラパナンのチェックポイント。老兵はとても屈強な兵士には見えない。

グスマンも、かつてはテロリストと呼ばれた。

フィリピンのミンダナオでは、モロ・イスラム解放戦線のヴォン・アルハック（ゲリラ名で本名ではない）と一緒に仕事をした。彼もかつてはフィリピン政府からテロリストと呼ばれていた。Dr.スランプの則巻千兵衛がアフレちゃんの眼鏡をかけたような風貌の温厚なおじさんだ。その彼が、戦場を駆け巡っていたとは、とても思えない。

ヴォンとは独立警察委員会で膝を突きあわせて議論を重ねた。同委員会では、バンサモロ自治区における警察活動を協議した。同委員会には、カナダの騎馬警察警視、オーストラリアの元警察官と私を加えた三名の第三者専門家に、フィリピン国家警察官とモロ・イスラム解放戦線から派遣された担当者が加わる。

ヴォンの手引きでモロ・イスラム解放戦線の支配領域を訪問して、基地司令官や野戦指揮官の話を聞く。和平後は警察に加わりたいか。どのような警察が望ましいのか。

百五十名ほど集まった戦士のなかには、私の父親くらいの年齢のベテラン指揮官も混じっていた。腰の曲がった老兵が対戦車ロケットランチャーを抱えていた。痩身で歴戦の勇士にはとても見えない。しかし、ここに集まった彼らは戦争を生業としている。もちろん、内戦は苛烈だった。多くの者は、国軍兵士や警察官を殺傷した過去をもつ。だが、彼らは主張する。

「警察官なんかになりたくない。俺たちは、この土地の出身だ。戦争が終われば、村に戻って畑を耕すだけだ」

実際に、モロ・イスラム解放戦線の戦士たちは、戦闘がない日は畑を耕し、敵襲があれば銃を手に取り戦う。半農の兵士たちだ。

テロリストと呼ばれた反政府勢力の人々に共通したものがあるとすれば、自分にとって大切なものを守りたいという思いが、彼らを抵抗運動に突き動かした点だ。

3　和解の景色

†民主化という名の和解の回避術

スハルトが退陣し、独裁が終焉したことに人々は湧きかえっていた。その隙に、新しいエリートたちが権力基盤を固め、首をすげ替えただけで、ほぼ無傷で再出発を果たす。軍部は民衆に寄り添いつつ、新たな権力構造のなかに、その立ち位置を見出した。

和解といえば、かつて対立していた人々を横並びにし、一方が他方を許したり、双方が謝罪を重ねたり、弁償を試みたりするものだと思っていた。しかし、インドネシアの場合、権力はスハルトの手を離れたものの、引き続き軍部が手綱をしっかりと握っていた。

開発独裁という制度のもとで、多くの人々が一定の配当を受けてきた。それが不足となり、より公平な分配を求めて、民主化が導入された。民主的な選挙がなされ、人々は権利を行使できるようになる。汚職や縁故主義は断たれてはいないが、人々は軍部に首根っこを掴まれているわけでもなくなった。人々の表情は暗くない。

インドネシアで見られた権力移行の過程は、民主化という何か望ましいものに、全体を包み込むことで、和解を不必要にした感がある。また、全責任を余命短いスハルトに押しつけ、彼に墓場に持って行ってもらう、という決着が選ばれた。みんなが、スハルト独裁の犠牲者だったという神話が生まれた。あのときは、みんなが辛かった。でも幸いスハルトはもういない。こんな落とし前の付け方を、インドネシアの民主化の裏側で垣間見ることができた。

†うやむやにされた軍部の責任

独裁を倒すことで民衆は満足した。人権侵害に加担してきたかつてのエリートや軍部を民衆が糾弾することはない。つまり、正義を追求しない和解の成功例として、インドネシアの民主化を総括することができる。人々に笑顔が戻る。学生たちが政治談義に花を咲かせる。

ただし、このような決着には負の側面が伴う。経済成長の裏には格差の拡大という新しい課題が生まれた。イスラム過激派によるテロにも悩まされる。だがそれは、開発独裁後の和解の失敗が原因だとはいえない。民衆の政治不信は課題として残る。しかし、独裁崩壊後に実施された五回の国政選挙は平和裏に執り行われた。大統領選挙も同様に平和的だった。大統領職は国軍出身のユドヨノから実業家のジョコ・ウィドドに引き継がれた。

この大きな民主化の波と経済成長の波のなかで、軍部の責任は、波打ち際に作られた砂山が消えてゆくように、いつの間にかうやむやになった。

紛争地を歩く知恵3

リスク管理を徹底せよ

テロが頻発する紛争地は歩かない。これが鉄則。しかし、職業柄、紛争地を歩かざるを得ない。ところが、世界の紛争地で邦人が拘束され、身代金を要求されたり、自衛隊の撤退との取引に使われたり、殺害されたりするに及び、紛争地への出張が難しくなった。外務省が出す危険情報が、レベル3（渡航中止勧告）やレベル4（退避勧告）だけでなく、レベル2（不要不急の渡航中止）への出張も、教授会で了承を受けなくてはならない。

たとえば、東ティモールの国際選挙監視活動に参加するときには、当時の国際平和協力本部長だった安倍晋三首相に派遣依頼書を書いてもらうことで、ようやく出張許可が下りた。これでは、自由に紛争地を取材することが難しい。

もちろん、紛争地でのリスク管理は欠かせない。リスクをゼロにすることは無理だとしても、できるだけ安全に取材の旅を完遂することは、必須の条件だ。とはいえ、これまで、防弾チョッキを身に纏い、防弾車で移動したのは、アフガニスタンだけである。

アフガニスタンへは二〇〇六年の十一月に訪問した。このときは、米軍の侵攻に伴いタリバン政権が崩壊していた。その後に誕生した新政権下で日本は復興支援や平和構築支援を開始する。その成果を第三者として評価するのが仕事だった。

多国籍軍の装甲車が巡回するアフガニスタンの首都カブールにて。

当初は、首都のカブールと北部のマザリシャリフに加えて、南部のカンダハールと中央部のバーミアンを訪れる予定だった。ところが、一時はパキスタン国境の部族地域に逃れていたタリバンが、徐々に南部を中心に勢力を巻き返す。それに伴い治安が悪化し、結局は首都カブール近郊と北部のマザリシャリフへの訪問のみに変更を強いられた。

タリバンが反撃を開始したため、訪問先だけでなく、カブール市内での移動にも制約が生じた。防弾車に乗って車列を組み、防弾チョッキを身につけた。このような装備品を一人の研究者が揃えることは難しい。旅人であれば、なおさらだ。さらに、防弾車の運転手には退避運動を熟知した専門家を雇わなくてはならない。ハリウッド映画でよく見かける脱出シーンを思い出してほしい。大統領に身の危険が迫ったときに急発進する、あの運転だ。

ミンダナオに出張したときには、武装したボディガードが二人ついてくれた。一人はフィリピン政府から派遣され、もう一人はモロ・イスラム解放戦線から派遣されていた。こ

日本による社会復帰支援として溶接の研修を受けるアフガニスタンの元兵士たち。

アフガニスタンで使用した防弾車（二重扉となっている）。

れも仕事が両勢力から認められた公務だったからだ。

一九九八年にカンボジアを訪問したときに、ある建設会社の職員宅を訪ねた。彼女はカンボジア人の政治家を父親にもつ。悲しいことに父親は、政治腐敗に異議を唱えて国会で自決する。彼女は防弾車に乗り、AK-47と呼ばれる自動小銃をもつボディーガードを常に連れていた。自分で手配したそうだ。ボディーガードは彼女の命令しか聞かない。

カンボジアでは、自動小銃が二十ドルから二百ドルで手に入る。だから、自分で武装できないわけではない（合法か非合法かは、訪問地の法律次第）。とはいえ、個人旅行で、ボディーガードを雇わなくてはならない場所には行くべきではない。

第四章
アチェ
——和解に優先する復興

津波によって陸地に乗り上げた船。インドネシアのアチェにて。

本章では、インドネシアからの分離独立を目指す内戦に焦点を当てる。その舞台は、インドネシアのスマトラ島の北端にあるアチェ特別州。分離独立を目指した勢力は、自由アチェ運動（インドネシア語の略称はGAM）と呼ばれ、インドネシア政府からは、独立を脅かすテロリストとして見做されていた。

アチェには天然ガスや石油が埋蔵されている。しかし、その恩恵をアチェの人々は受けていない。そのような状況を打破するために自由アチェ運動は立ち上がる。スハルト開発独裁が終わりを告げるとアチェ紛争は解決に向かう。自由アチェ運動と独裁の遺産のなかから産声を上げたインドネシアの新体制との間に和平合意が結ばれる。

紛争当事者たちは、どのように過去の遺恨を乗り越えていったのか。正義を掲げて拳を振り上げた人々が、目標だった独立を断念することで平和を手に入れた逆説を明らかにする。和平交渉における仲裁者の役割も併せて検討する。

1 和解の背景

†内戦の概要

アチェをインドネシア語表記するとACEHとなる。Aはアラブ（貿易商）、Cはチャイニーズ（華商）、Eはヨーロッパ（東インド会社）、Hはヒンズー（インド人）を表すという。アチェがマラッカ海峡に面する一大国際交易拠点だったことを物語る。

インドネシアという国家は、オランダが植民地として統治した領域を引き継ぐ。植民地化される前には複数のスルタン（イスラム教の王）が統治していた。したがって、歴史的にインドネシアという国家が存在していたわけではない。第二次世界大戦後、独立を目指すアチェの人々は、オランダとの独立戦争では、スカルノ率いるインドネシア軍とともに戦う。

この独立戦争において、インドネシア側について戦った旧日本軍の将兵がいた。そのときのことは映画『ムルデカ17805』（二〇〇一）で描かれている。

しかし、インドネシアが独立を勝ち取った後は、両者の関係は必ずしもアチェの人々が望むようにはならなかった。インドネシアはアチェの分離独立を許すことができない。アチェには石油や天然ガスが埋蔵されているからだ。そこで、一九五九年にアチェは特別州となり、アチェの人々には自治が認められた。しかし、石油や天然ガスの利権をめぐり、アチェ人とインドネシア政府との対立は深まっていく。スハルトの開発独裁下の一九七〇年代には、中央政府による資源開発が盛んになる。すると、資源が中央政府に吸い上げられることに対し、アチェの人々の不満が高まっていく。そのような人々の思いを受けて一九七六年に結成されたのが、自由アチェ運動だ。以来、約三十年にわたり、自由アチェ運動は、インドネシア政府に対して、分離独立をかけた武力闘争を挑んできた。

その間、外国人が紛争地のアチェを訪れることは難しかった。戒厳令が敷かれていたからだ。一九九八年に独裁政権が崩壊して状況は好転しつつあった。しかし、武力闘争は続く。そのようなかで、アチェは二〇〇四年十二月二十六日のスマトラ島沖大地震と大津波を経験する。

和解を考えるにあたり、スハルト開発独裁と分離独立を目指す自由アチェ運動が対峙していた基本構造を押さえておくとよい。スハルト政権の正統性は開発の推進にある。アチェは石油や天然ガスといった資源の宝庫だったという点は、アチェ紛争の重要な構成要素となった。

†イスラム法（シャリア）

アチェ紛争の特徴で興味深いのが、イスラム教の位置づけだ。インドネシアは世界最大のイスラム教徒を抱える国家として知られる。しかし、イスラム教を国教に定めているわけではない。他方で、インドネシアから分離独立を求めた自由アチェ運動は、アチェにおけるイスラム法（シャリア）の適用を主張していた。

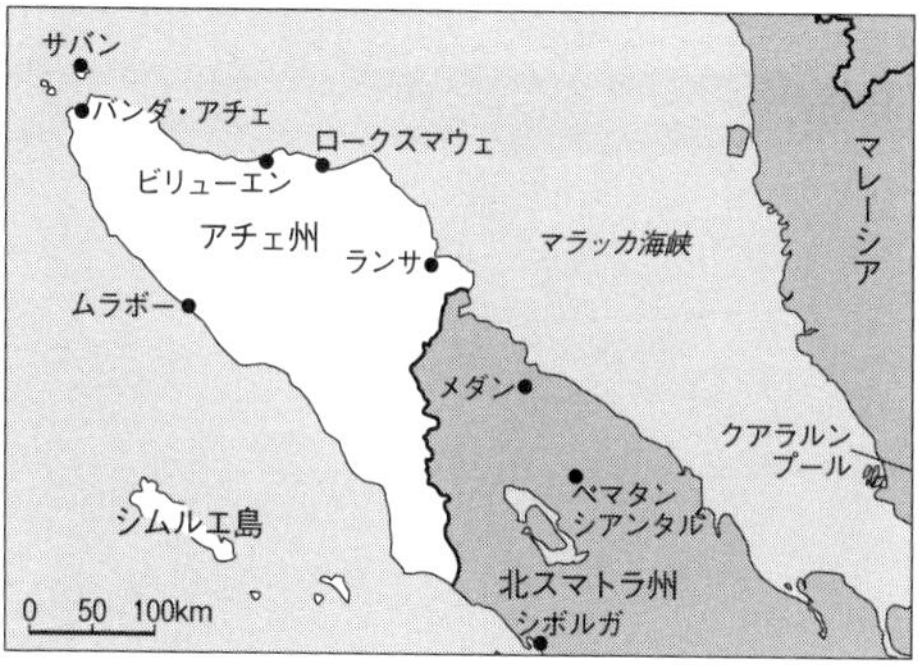

アチェ州地図

ただし、自由アチェ運動がイスラム原理主義に染まり、テロ行為など過激化するような兆しはなかった。もちろん、9・11以降のテロとの闘いの影響が、アチェ紛争になかったとはいえない。しかし、多数のイスラム教徒を抱えるインドネシアにとって、イスラム勢力の脱過激化というのは、国家の安定に欠かせない施策となっていた。

インドネシアのアチェやフィリピンのミンダナオに設立されたシャリア社会は、排他的なものではない。イスラム教徒以外はイスラム法に従わなくてよい。アチェでは、イスラム教徒の女性は、ジルバと呼ばれるスカーフのような布で頭髪を覆う。頭の先からくるぶしまで衣服で体を隠す。この戒律を破ると、宗教警察の取り締まりを受ける。ひどい場合には公衆の面前で鞭打ちの刑などに処せられる。

ところが、同じアチェの住民でも、非イスラム教徒の華僑の場合は、その取り締まりの対象とはならない。アチェのレストランで、タンクトップに短パン姿の若い女性をよく見かけた。彼らは華僑のため、そのような身なりが許される。

ミンダナオに設けられたバンサモロ自治区においても、非イスラム教徒は、シャリアの適用外に置かれている。しかし、ミンダナオ在住の非イスラム教徒のなかには、シャリア法廷で裁いてもらうことを希望する人がいるようだ。

腐敗する一般法廷では、有利な判決を導くために、被告や原告は裁判官に賄賂を手渡す。貧しい者は、富める者に裁判では勝てない。また、裁判には、長い時間が費やされる。ところが、シャリア法廷では、そのようなリスクが低いと認識されている。

なお、アチェ紛争の文脈では、宗教的な対立は争点とならなかった。たとえば、インドネシアでもスラウェシ島のポソやマルク諸島のアンボンにおいては、イスラム教徒とキリスト教徒とが血みどろの宗教紛争を繰り広げていた。しかし、アチェでは宗教対立が争いの火に油を注ぐようなことはない。

†日本の対アチェ外交

次に、アチェ紛争と日本との関わりについて触れておく。日本は、アチェ紛争の重要な利害関係者であった。政府開発援助（ODA）を通じてスハルト独裁政権を支えていたからだ。もちろん、インドネシアの人々の福祉に貢献した日本の支援もある。しかし、国際政治の観点からいえば、それは米国を盟主とする自由主義陣営の一員として日本が役割を果たしたに過ぎない。援助がなされた文脈や世界的構図から切り離して援助を語ることは、援助の構造的な役割を見失わせる。

アチェ紛争では天然ガスをめぐる意見の相違が争点の一つだった。石油を中東からの輸入に頼っていた日本にとって、エネルギー安全保障の観点から、アチェの天然ガスは戦略的な資源に位置づけられた。アチェの天然ガス精製工場は日本のODAによって建設された。採掘された天然ガスは日本に輸出される。その工場をインドネシア国軍の兵士たちが、自由アチェ運動の攻撃から守っていたのだ。

ミャンマーの軍事政権に対抗する手段として米国政府は、ミャンマーのミンアウンフライン国軍司令官との関係が深い国営企業に制裁を科す。しかし、同様のことがインドネシアで発生していたときに、米国は見て見ぬふりをするどころか、その悪だくみに積極的に加担した。

日本のODAで建設された天然ガス精製工場は、インドネシアの国策企業と米国のエクソンモービル社が運営し、多数の国軍関係者（家族など）が雇用されていた。つまり、国軍の利権構造の一端を米国企業が担っており、そこには日本のODAも一枚嚙んでいたのだ。

当時は冷戦中だった。日本は西側陣営の一員として応分の責務を果たしたに過ぎない。天然ガス・プロジェクトは、日米尼の三者にとり、表面的にはウィン・ウィン・ウィン（三方よし）だった。しかし、その裏で内戦が続き、分離独立を求めて抵抗を続けた人々が、反乱分子やテロリストとしてインドネシア国軍に拘束され、拷問などの人権侵害を受けていたことは記憶に留めておかなくてはならない。

冷戦が終結すると日本政府は、アチェ紛争の平和的な解決に向けて尽力する。二〇〇二年十二月には「アチェにおける和平・復興に関する準備会合」を東京にて開催する。

日本政府は非公式な和平交渉の斡旋も水面下で進めていく。この水面下での取り組みを温泉平和外交と呼ぶ。自由アチェ運動とインドネシア政府の交渉人を温泉地の箱根に招聘して密かに交渉する。温泉に入るためには裸にならないといけない。武器を隠しもつことができない。裸同士で膝を突きあわせながら包み隠さず話しあう。信頼醸成に役立つアイデアだったのではないか（女性の交渉人がいないという従来の和平交渉によく見られる慣例下でのみ成立可能）。

温泉平和外交の成果として、アチェ復興和平会合の東京での開催が企画された。しかし、これは実を結ばなかった。自由アチェ運動の交渉団が、会合に参加するため日本に向けて出国しようとしたときに、空港でインドネシア当局に拘束されてしまう。さらに、来日し、会合に出席することができたアチェの学生代表二名は、身の安全が保障されず、一人はスウェーデンに亡命、もう一人は偽名での生活を余儀なくされた（堀場、二〇一三）。

日本政府による根回しが不十分だったのか。そもそもインドネシア政府が日本政府の仲介に信頼を置いていなかったのか。あるいは、インドネシア当局内の連絡調整上の不手際という単純なミスが原因だったのか。いずれにしても日本外交の失態となった。

当時の日本政府の取り組みは外交やODAを基軸としていた。どうしても政府間の関係に偏る傾向があったことは否めない。また、日本政府は、軍事的な問題へ首を突っ込むことを得意としていない。インドネシア国軍や反政府武装勢力と位置づけられてきた自由アチェ運動との間には、交渉ルートをもっていなかった（堀場、二〇一三）。

重要な利害関係者とのパイプが細いまま、インドネシア政府との関係を基軸に和平の仲裁に乗り出す。公式ルートに頼り過ぎていたため、十分な情報を得ることができなかったのだろう。紛争当事者との信頼関係が構築できていないまま、仲介を試みたことが、失敗を招く（堀場、二〇一三）。

このときの反省は、後に日本政府がミンダナオ和平を仲介するときに活かされる。日本政府は、フィリピン政府とモロ・イスラム解放戦線の双方とのパイプ作りに尽力した。

†スマトラ島沖大地震と和平気運の高まり

日本の温泉平和外交が頓挫した後、二〇〇四年十二月二十六日にスマトラ島沖大地震が発生する。この大震災を契機に新たな和平努力が始動する。

そのきっかけを作ったのは、フィンランド出身の実業家だった。詳細はカトゥリ・メリカリオ『平和構築の仕事』（二〇〇七）に譲りたい。このときのインドネシアは、スハルト独裁が終焉を迎え、着実に民主化が進んでいた。インドネシア国軍の将軍を務めたスシロ・バンバン・ユドヨノが大統領、そして副大統領には実業家のユスフ・カラが就任していた。

したがって、厳密には独裁政権との和解ではない。しかし、インドネシア国軍の政治的影響力は大きく、国軍はアチェにおいて莫大な経済的な利権を握るとともに、ゲリラ掃討作戦を継続していた。

第六章で見るように、スマトラ島沖大地震によって甚大な被害を受けたスリランカでは、震災は内戦の終結につながらなかった。では、どうしてアチェでは和平の気運が高まったのか。その背景には何があったのか。もちろん、多様な要因が複雑に絡みあった結果だ。

たとえば、アチェに埋蔵されていた天然資源の枯渇が目前に迫っていたことも一因。今さら独立しても、油田が枯渇すれば採算が取れない。津波の被害からの復興に莫大な資金が必要なことは明らかだった。インドネシア政府からの財政支援がなければ復興も危うい。このような状況下、右肩上がりの経済成長をしているインドネシアに留まっていた方が、パイが拡大して、結局は得策だと判断したのかもしれない。

一九七六年にハッサン・ディ・ティロによって始められた自由アチェ運動は、すでに三十年の時を刻んでいた。ティロは高齢になり、健康状態も芳しくない。死ぬ前に、大願を成就させ、故郷に錦を飾りたい。そう願ったとも伝え聞く。そして、この自由アチェ運動の最高指導者は、和平合意から三年後に帰郷を果たす。二〇一〇年に八十四歳で、この世を去った。

†インドネシア政府の目論見

インドネシア政府は、どうして和平に向けて妥協することができたのか。実は、一九九九年の東ティモールでの住民投票が、反面教師として、インドネシアの為政者の脳裏に刻み込まれていた。投票結果に対するインドネシア国軍の暴発は、国連や諸外国の介入を誘発し、結果として、東ティモールの独立を許してしまう。その失策を繰り返すわけにはいかない。

スマトラ島沖大地震からの復興支援で、国際社会の目がアチェに向けられている。アチェを分離独立させせずに、和平合意を勝ち取らなくてはならない。インドネシア政府にとって、勝機がないわけではない。9・11以降、イスラム勢力に対する風当たりも強い。自由アチェ運動は、リビアからの支援を受けていた。そのため、国際社会からはイスラム原理主義者のレッテルを貼られていた。他方、インドネシア政府は、表面的には民主化を進めており、津波の被災とも相まって、国際社会からの同情を得られやすいと判断したのではないだろうか。

さらにいえば、国軍出身で米国の経営学修士号（MBA）をもつユドヨノ大統領のもとで、合理的なビジネス・マインドの持ち主のカラ副大統領が和平交渉の陣頭指揮をとったことが、和平の気運を高めた重要な要因となった。

国軍のなかでも開明派の領袖と目されたユドヨノは、民衆の民主化への欲求をうまく利用して、国軍内での権力闘争に勝利した。二〇〇四年に実施されたインドネシア初の直接選挙で大統領に選出される。

アチェ和平の抵抗勢力になりかねない国軍を自らの影響力でコントロールできたこと、自然災害を契機に政治経済の潮目の変化をうまく利用したことなどが奏功し、インドネシアでは平和的な権力移行が実現した。未曾有の大震災からの復興ビジネスを展開するには、紛争を終結させることが得策だと判断されたのだ。

カラ副大統領は問いかけた。

「これまでアチェ紛争に私たちはいったいいくら使ってきたのか。毎日、いくら費やしていると思うか。紛争を早期に終結して、これらの予算を他に使った方がよくないか」

国際社会からもたらされる多大な援助や復興ビジネス・チャンスは、紛争を継続させることでインドネシア国軍が握っていた既得権益を放棄しても十分にお釣りがくる新たな利権の可能性を匂わせた。

カラ副大統領は、津波復興のための国際支援金から、津波により深刻な打撃を受けた国軍のアチェ軍管区の再建費用として四千四百万ドルを当てることで、国軍を説得した（本名、二〇〇七）。これがなければ、アチェの和平合意は実現しなかったかもしれない。和平は経済によって支えられることの証左だ。

しかし、経済的な利益をちらつかせるだけでは和平は実現しない。ましてや和解は和平の先に、ようやく見えてくるものだ。

†ヘルシンキ和平合意秘話

アチェ紛争を終結させたヘルシンキ和平合意は、二〇〇五年八月十五日（一九四五年八月十七日のインドネシア独立宣言より六十周年の二日前）に締結された。その名前は、和平を仲介したマルッティ・アハティサーリ元フィンランド大統領のお膝元のフィンランドの首都ヘルシンキで締結されたことに由来する。

アハティサーリが仲裁を担った経緯を簡単に説明しよう。まず、フィンランドの実業家であるユハ・クリステンセンが、仲裁の糸口をつかむ。仲裁するためには、紛争当事者とのパイプが必要になる。この実業家が、自由アチェ運動とインドネシア政府の双方にパイプを築く。自由アチェ運動幹部との非公式の接触を探っていたインドネシア政府にとっては、渡りに船の申し出だ。クリステンセンは、両者の事前交渉のお膳立てに奔走する。しかし、一個人ができることには限界がある。彼には国際社会を動かす政治力や財力はない。

そこで、フィンランド元大統領のアハティサーリに仲裁役を依頼する。アハティサーリが仲裁者として前面に立つ間も、クリステンセンは裏方として交渉を支えてきた。

来日したアハティサーリ元大統領と食事をともにしたときのこと。アハティサーリ元大統領は、握手を交わしても笑顔ひとつ見せない。冗談も通じない。そんな生真面目な人柄の持ち主だ。二〇〇八年にノーベル平和賞を受賞したときも、ついに一度も笑顔を見せなかった。

そんな彼が和平交渉秘話を披露してくれた。熱帯に位置するインドネシアとアチェは暑い。三十五度を超える真夏日が続く。そのような熱帯出身の交渉人を真冬のフィンランドの豪雪地帯に呼んで、氷点下の和平交渉を進めたのだ。

和平合意をまとめることができた秘訣をアハティサーリ元大統領に聞く。優柔不断な交渉人たちを前に「断固たる姿勢」で妥協を迫ったことが功を奏したと教えてくれた。

「合意ができたら建物のなかに戻ってくるように。そうしたら温かいスープで出迎えてあげよう」

表情ひとつ変えずに言い放ち、交渉人を厳寒の雪空に追い放つ。

自由アチェ運動の指導者たちは、分離独立を目指していた手前、独立に満たない自治の拡大では納得しなかった。そもそもアチェには、すでに特別州としての地位が与えられていた。だが、その実態は骨抜きにされてしまったという過去がある。特別州以上独立未満の解決策を見つけなければならなかった。

独立を譲らない自由アチェ運動の交渉人に、アハティサーリ元大統領は譲歩を迫る。

「この交渉が決裂したって私には何の不都合もない。困るのは君たちじゃないか。インドネシア政府は絶対に独立を認めない。だから君たちが、ここで譲歩をしなければ和平交渉は破綻する。譲歩しないなら、交渉はやめだ。私は家に帰る」

その言葉に自由アチェ運動の交渉人は折れる。「アチェ人による政府」(the government of the Acehnese people) の樹立で妥協が成立。

「自分が脅しをかけなかったら、彼らは妥協していなかっただろう」

アハティサーリ元大統領は、そう回顧する。

この状況からは、弱い立場にある当事者に対して譲歩を迫るという、強者の論理に加担する仲裁者の姿が見えてしまう。同時に、自らの立場に固執するあまり譲歩を拒み続けていたとしたら、自由アチェ運動は、所期の目標を達成できないだけでなく、破滅の道を歩んでいたかもしれない。後述するように、スリランカの場合は、反政府勢力の最高指導者が、最後まで譲歩することを許さなかった。そのため多くの支持者を道連れに殺害された。弱者に対し、現実を冷徹に見つめ直す機会を与え、現実的な代替案を探ることを促したとすれば、それは弱者を救済したことにならないだろうか。一見すると強者の論理に加担したかのような行為によって、間接的には、弱者救済という結果を導く。

†仲裁者の立ち位置

この視点は、「仲裁者は、中立的な第三者がよいのか、それとも利害関係者がよいのか」という議論に通じる。もちろん、すべての紛争当事者から、仲裁を任されるためには、中立的な立場にあることは、必要最低限の条件のように思える。少なくとも利敵行為をしない者だと認めてもらわなくてはならない。そのためには、紛争の局外におり、紛争の趨勢に対して利害関係をもたない第三者が仲裁には適している。

他方、利害関係者を仲裁者に推す立場には、利害関係者こそ、自らの利害と関わるため、真剣に仲裁役を務めるという想定がある。

また、交渉を進めて、合意を引き出すためには、紛争当事者からの信頼を勝ち得ている必要がある。信頼とは、簡単に得られるものではない。紛争当事者との長年の人間関係を築いてきた利害関係者こそが、そのような信頼を手にすることができる。

さらに、利害関係者は、その紛争に関わりがあるゆえに、その紛争を取り巻く、歴史的・政治的・文化的な背景を知り得る立場にある。第三者には見えない和平への障害や機会の窓を見出すことができる。

この議論における私の見解は、中立的な第三者と利害関係者とがタッグを組んで仲裁にあたり、双方の長所を生かし、短所を補完しあうのがよい、というものだ。

アチェ和平の場合は、中立的な第三者であるフィンランドの実業家がお膳立てをし、フィンランドの元大統領が地固めをした。

同時に、和平合意を担保するアチェ監視団（AMM）に、欧州連合（EU）や東南アジア諸国連合（ASEAN）が人員を派遣して協力している。ASEANの雄国であるインドネシアの内戦終結に、タイ、マレーシア、ブルネイ、フィリピン、シンガポールという利害関係国が関与した。内政不干渉の原則を掲げるASEANにとって、これは画期的だった。アチェは、中立的な第三者による仲裁を利害関係者が支援することで、和平が実現した事例として挙げることができよう。

コラム6 フィンランド流サウナの入り方

ヘルシンキよりもさらに北に位置するクオピオという町に行ったことがある。平和構築の研修に参加するためだ。そのとき、真保裕一『ホワイトアウト』(一九九八)に出てくるような目の前が真っ白になる吹雪を経験した。

クオピオでは、消防士の訓練施設に滞在した。そこで生まれて初めて本場のサウナを体験する。四階建ての宿舎の各フロアにはサウナがあった。

ミストサウナのように湿度が高い小部屋のなかで、筋骨隆々の二メートルはある大男の裸体に囲まれながら、毎晩サウナを楽しむ。消防士の彼らの肉体美は、ギリシャ彫刻のようだ。彼らは白樺の小枝の束(ヴィヒタ)で裸体をぴしぴしと叩く。

一階には大浴場があり、そこのサウナからは、そのまま外の雪原に出ることができる設計だ。日本ではサウナでのぼせた体を水風呂で冷却するが、フィンランドではサウナから雪原に直行する。消防士たちは奇声をあげて、白い雪のキャンバスに大の字を刻む。

サウナで整った後は、アイスクリームにラズベリー(野苺)をかけて頬張っていた。

2 和解の旅

†イルワンディとの密会

ヘルシンキ和平合意が実現した理由は、どこにあるのか。最大の突破口は、自由アチェ運動が設立時の大義として掲げていた独立という錦の御旗を下ろしたことに見出せる。もちろん、インドネシア全体で民主化が進み、国軍の改革が進んでいたことも、背景要因として挙げられよう。国軍への影響力がある大統領が、和平を推進していた点も看過できない。さらには、アハティサーリの仲介術も功を奏した。しかし、何と言っても最大の譲歩を自由アチェ運動が決意したことが、和平に転じる大きな潮流を生み出した。どうして自由アチェ運動は政策を変更したのか。このことを知りたくてアチェを訪問した。

私がアチェに初めて足を踏み入れたのは、震災直後の二〇〇五年初頭。大震災によって戒厳令による規正もあやふやになっていた。停戦合意は結ばれていたが、和平合意はまだだった。軍や警察に職務質問されないように注意して街を歩く。しかし、被災地支援のために世界中から外国人が押し寄せていたので、それに紛れることができた。

最大の収穫は、和平合意後に最初のアチェ州知事になるイルワンディ・ユスフと密会できたこと。当時、自由アチェ運動の首脳はスウェーデンに亡命していた。アチェに潜んで諜報活動を指揮していたのがイルワンディだ。このときのイルワンディは、お尋ね者だった。そこで、夕暮れどきにドラえもんの絵が壁に書いてある幼稚園で密会することにした。現地ガイドに指示されたとおり、幼稚園の教室に入ると、夕日を背にして子ども用の小さい椅子に腰掛けるイルワンディの姿があった。

地震発生当時、イルワンディはインドネシア当局に拘束されていた。地震で牢獄が崩壊したため脱獄できたと、当時の状況を語ってくれた。津波が押し迫るなか、壁の割れ目から抜け出し刑務所の屋上まで駆け上がる。間一髪で命拾いをしたそうだ。

津波はアチェに駐屯していたインドネシア国軍に大打撃を与える。さらに被災者支援で手いっぱいの国軍は、とてもゲリラの掃討作戦を続けられない。

他方で、ジャングルに潜む自由アチェ運動のゲリラ兵は、家族を町に残している。家族の安否確認のために山を下り故郷に戻りたくても、途中で国軍に拘束される恐れがあって身動きが取れない。部下からの要請に押されてイルワンディはインドネシア国軍に臨時休戦を呼びかける。スウェーデン在住の首脳陣に許可を得ることはしなかった。この英断によって、彼はアチェで戦うゲリラ兵の信頼を勝ち取った。それが後に彼が州知事選に勝利する布石となった。

†なぜ独立を諦めたのか

和平合意後にもイルワンディと再び話す機会を得た。今度は身を隠す必要はない。ヘルシンキ合意の履行を支援したアチェ監視団に自由アチェ運動の代表として派遣されていたからだ。アチェ監視団を介してインドネシア政府との交渉を彼が担っているのだという。

なぜ独立という大義名分を放棄したのか、単刀直入に聞く。しかし、イルワンディは直球で返さない。私なりの解釈では、独立を掲げた戦いを継続するための後ろ盾が怪しくなったということだった。くわえて、インドネシアに留まった場合でも自由アチェ運動の行く末に光が見えた。津波の被災地支援でアチェが国際社会の耳目を集めている今がチャンスだと考えた。

二〇〇一年九月十一日の米国同時多発テロの発生が、イスラム教徒の組織である自由アチェ運動にとっては逆風となっていた。インドネシアは、世界最大のイスラム教徒を抱える国家だが、イスラム教を国教に据えているわけではない。ところがアチェでは、イスラム教を基盤とする国家づくりを追求していた。そのため、自由アチェ運動は、イスラム過激派、イスラム原理主義勢力として見られることもあった。

「自由アチェ運動としては、独立を達成できればよいのです。イスラム法のもとで生きることは譲れない条件ではありません。アチェのイスラム教の指導者たちの協力を得るために、彼らが求めるイスラム法の下での国家づくりを掲げたまでです」

イルワンディは、そう私に力説した。しかし、自由アチェ運動とイスラム国家づくりとは、不可分とみられることが多く、彼らに対する国際社会の風当たりは厳しくなる。米国がテロ支援国家として敵視していたリビアから、自由アチェ運動は資金的な支援を仰いでいたからだ。

世界の関心がアフガニスタンやイラクに向けられるなか、リビアのムアンマル・カダフィ大佐を筆頭に、イスラム同胞からの支援が陰りを見せたのではないか。世界最多のイスラム教徒を抱えるインドネシアと対峙する自由アチェ運動ではなく、米国との主戦場となったアフガニスタンやイラクに資金が流れるようになった。自由アチェ運動は、このままでは闘争を継続できなくなる、と危機感を募らせたのではないか。

インドネシア憲法では地方政党は認められていない。したがって、全国区で支持基盤を持たない自由アチェ運動が、和平後に政党として生まれ変わることは難しかった。地域色の強い政党を認めず、全国から広く支持を得なくては政党として認められない。この決まりは、多民族が暮らすインドネシアで国家統一を推進するための施策だったといえよう。もちろん、この法律により、少数民族などが独自の政党を作る動きは封じられてきた。

ただし、この点に関してはインドネシア政府側が譲歩を示す。アチェ特別州においては特例として地方政党が認められた。これによって自由アチェ運動の首脳陣たちが、和平後に政党を形成し、政治家として影響力を行使する道が開けた。

　さらには、津波被害によって国際支援がアチェに集まるようになる。国際社会の目が常に和平交渉を見守ってくれる。劣勢にあった自由アチェ運動は、国際社会を味方につけることで、インドネシア政府が約束を反故にしづらい環境を作ることができると考えた。復興のための巨額の支援金が世界各地より集まっていた。今、和平合意を結べば、この資金にもありつけると算盤を弾く。実際に、現地で諜報活動を指揮していたイルワンディは、国際社会からの同情を失わないように、部下のゲリラ兵たちに、津波後は、おとなしくするように通達した。

　自由アチェ運動が、インドネシアからの独立を求めた背景には、アチェに埋蔵されていた石油や天然ガスの恩恵をアチェ人が受けていない、という憤りがあった。アチェが独立すれば、天然資源からの恩恵をアチェ人の福利厚生のために使用できると考えた。

　ところが、この資源は、近い将来、枯渇することが見込まれていた。潤沢な天然資源に恵まれているうちは、独立をしても採算が取れるだろう。しかし、油田やガス田が枯渇してしまっては、たとえ独立を果たしたとしても、明るい未来は描けない。急速な経済成長を遂げているインドネシアに留まるのが、アチェ人にとって、よりよい選択となると考えたのだろう。

　別の機会に同じ質問を自由アチェ運動の首席報道官のバカティァア・アブドゥラにも尋ねてみた。彼の返答は、イルワンディの説明とは少し違った。

「自由アチェ運動の指導者ハッサン・ディ・ティロは、すでに八十歳の高齢に達しています。健康状態も芳しくありません。彼が存命のうちに故郷の土を踏ませたいと願う側近が解決を急いだのです」

ティロの信任が厚いアブドゥラ首席報道官は献身的にティロに尽くす。小耳に挟んだのだが、高齢になって自分で排泄ができなくなったティロに寄り添い、排泄の介護を担ったのが、このアブドゥラだという。彼はティロを自分の父親のように慕っていた。

†末端のゲリラ兵

自由アチェ運動の上層部の意見が聞けたので、今度は末端のゲリラ兵に話を聞く。イルワンディに彼の手足となって働いていた諜報員を紹介してもらう。待ち合わせ場所で待っていると、二十歳くらいの若い男女が、バイクに二人乗りをして現れた。

女性諜報員が軍人や警察官にハニートラップをしかけている間に、男性諜報員が機密情報を盗んでいたと教えてくれた。アチェに展開するインドネシア軍の兵隊は、アチェ以外の出身者が多い。兵隊たちは簡単にハニートラップに引っかかったそうだ。詰め所に忍び込んで、軍による強襲計画の日時や場所、パトロールのルートや時間帯など、自由アチェ運動のゲリラ活動に資する情報を集めていた。

ところが、男性諜報員は、軍の詰め所に忍び込んでいるところを見つかってしまう。生爪を剝がされ、性器をペンチで潰された。だから、彼女との間に子どもは作れなくなってしまったと教えてくれた。「見せようか」といってズボンを下ろし始めたので、それは辞退し、代わりに爪を見せてもらった。彼の爪もそうだったように、拷問を受けて生爪を剝がされたことがある人の爪は、同じような特徴をもっている。東ティモールで諜報員をしていた男性の爪も、アチェの諜報員の爪と同じだった。うずらの卵のような丸みを帯びていて、表面が鈍い光を放つ。

女性諜報員は、インドネシア軍の追跡を逃れ、モスクに身を隠したそうだ。インドネシア軍の兵隊もイスラム教徒であることが多く、モスクにまで踏み込んでくることはなかったという。

次に、ヘルシンキでの和平交渉に自由アチェ運動の交渉人として参加したヌル・ジュリに話を聞く。和平合意後はアチェ復員庁の局長という要職に就いていた。復員庁は、自由アチェ運動のゲリラ兵の社会復帰を支援するために設立された役所だ。

元ゲリラ兵からの陳情に耳を傾けることに彼の日々は費やされていると、ため息混じりに、ヌル・ジュリは語る。

「除隊兵たちへの職業訓練の提供や雇用促進事業を実施する計画は、もちろんあります。ですが、彼らからの給付金申請手続きの処理に追われる毎日で、それらに着手する余裕がないのです。中央政府から分配されることになっている財源も滞っています。予算の半分以上が届いていません。職を失った彼らを放置しておけば犯罪に手を染めてしまうでしょう。彼らへの対応が、まず優先されるべきだと思っています」

自由アチェ運動の幹部が、末端ゲリラ兵たちを切り捨て、自らの私欲を肥やしていては、元ゲリラ兵たちの義憤が募り、和解は実現しない。津波の復興に対しては、国際社会からの支援が集まったが、元ゲリラ兵たちの復員を支援する財源は限られていた。

津波による大きな被害を受けたアチェでは、和平後に災害復興特需に沸く。元ゲリラ兵たちは、インドネシア中央政府やアチェ州政府からの復員支援ではなく、復興特需のなかで市民生活に吸収されていく。

独立闘争を通じて示した故郷への忠義が正当に報いられたと、末端のゲリラ兵たちが感じたか否かは不明だ。しかし、そのような心情を飲み込む復興特需の大波が、少なくとも末端ゲリラ兵たちの不満を一時的にではあるかもしれないが、かき消す結果となった。

†体制派の人々の声

自由アチェ運動の抵抗が続くなか、アチェ特別州はインドネシア政府によって統治されていた。知事もいれば市長もいる。アチェ人のなかにも既得権益をもった人々がいたのだ。仕事のため、家族のため、面従腹背していた住民もいれば、既得権益を守るために積極的に体制を支持していた者もいただろう。多くの人が渾然一体となってアチェで暮らしていた。

だとしたら、体制派の住民と反体制派の住民とが反目していたのではないか。両者が刃を交えることもあったのではないか。生活のために公務員となって、政府の一員として働いていた者は、自由アチェ運動から裏切り者として糾弾されたのではないか。

この点を明らかにするため、和平合意前にアチェ特別州政府で働いていた政府要人たちにコンタクトを取る。彼らは、州知事や市長などのインドネシア政府機関の要職にあったとはいえ、アチェ人である。中央政府から派遣された官吏ではない。後に知事選に出馬した（落選したが）地元の大物を自宅に訪ねた。彼は地域の雄にふさわしい立派な豪邸に住む。

「津波が二階にまで押し寄せて、すべてを失うと思いました。車や一階は破壊されましたが、屋根に逃れて私も家族も無事でした」

「和平合意後は、イルワンディ氏など自由アチェ運動の幹部が政治的な要職についていますが、あなたは、それをどう思っていますか」

「私は十分いい思いをしました。今度は彼らの順番だと思います」

既得権益を握っていたアチェの有力者たちにとって、大津波は全能なる神アッラーの思し召しと思ってくれたことが、和解を促したのかもしれない。事実、多くの尊い人命が津波で奪われた。一九七六年に自由アチェ運動が結成されてから、和平合意が結ばれるまでの約三十年間に亡くなった人よりも、はるかに多くの無辜の市民が、津波によって一瞬にして、この世から消え去ったのだ。

市井の人々の声も拾ってみようと思い、自由アチェ運動のゲリラの拠点があり、内戦の激戦地となったアチェ東部の農村や街を歩く。ランサという町で出会った商店の店主は次のように当時を振り返ってくれた。

「この道から先は、ゲリラが支配していて、夜になるとゲリラがよく出没していました。役所に税金を収めたうえにゲリラにも上納金を払っていました。ゲリラは、それを税金と呼んでいます。どちらにもいい顔をしておかないと商売ができませんでしたから。ただ、ゲリラに悪さをされたことはなかったです」

住民は体制派と反体制派とに分かれていた。ただし、同じアチェ人同士で、体制派の住民と反体制派の住民とが反目するようなことはなかったと教えてくれた。昼間は政府に仕え、夜はゲリラを支援する人々も多かったという。ゲリラはインドネシア軍と敵対していたのであって、一般住民の間での和解は必要ない、という意見がよく聞かれた。

悲しみを受け止め、神の啓示に従う。すべてを受け入れて次に進む。被災当初は、このような雰囲気がアチェの人々から感じ取れた。その後も和解ではなく、復興がキーワードだった。アチェは復興特需に湧き立つ。道路が整備され、新しい商店街が生まれた。人々の表情が明るくなっていく。日本の戦後復興と似ているのかもしれない。和解よりも、まずは明日を生き抜くための復興が大切。所得が倍増し、経済成長の恩恵に与ることができれば、悲しい過去のことを掘り起こすような動機は薄れていく。

この流れのなかで、国軍と自由アチェ運動の双方が犯した数々の人権侵害は不問に付された。津波後の復興や和平後の平和構築を重視することで、過去の遺恨は水に流される運命にあった。アチェに住む多様な人々の間の和解が重視されることもなかった。

†裏切り者

ある知人の実家を訪問させてもらったときのこと。そこで衝撃的な話を聞く。彼女の村は、ゲリラが立て籠もっていた拠点に近い。そのため、国軍がゲリラ掃討作戦を実施するときのベースキャンプとなってきた。

彼女の家族構成は、両親に兄が二人いた。私を出迎えてくれた兄が長男で、次男と父親がゲリラだったそうだ。長兄は、母親と妹を守るために畑を耕しつつも、ジャングルに籠もる父や弟のために夜中に食料を届けたりしていた。

ある日の早朝、前触れもなく国軍に叩き起こされた。ゲリラ掃討作戦に協力するように命じられる。母と妹を人質に取られたため断ることもできない。背中に銃口を突きつけられた彼は、進軍する国軍の先頭に人間の盾として立たされる。

掃討作戦は空振りに終わったが、彼が人間の盾となっていたため、ゲリラは兵士を狙撃できなかった。そのため、彼は軍へ協力した裏切り者の汚名を着せられてしまう。彼に和解について意見を聞く。彼は静かに口を開く。そして、憎しみや恨みをぶちまけた。

「自由アチェ運動に加わった者は、今はヒーローだ。父は戦死したが、弟はゲリラ時代の論功行賞で、はぶりがよい。俺だって家族を守った。でも、今は誰も見向きもしてくれない。俺は、あいかわらず貧しい農夫のまま。明日の生活のために、ただ畑を耕すだけだ」

彼は、そう最後に言い放った。彼のような社会の底辺の人々にとって、和解とは何なのか。深く考えさせられた。

3　和解の景色

†既得権益の再分配

取材を終えて疑問が浮かぶ。本当にアチェの有力者たちは既得権益を手放したのか。新しく正統性のある政治勢力として台頭した自由アチェ運動幹部との間に、亀裂は生じなかったのか。

大日本帝国下の朝鮮で、日本の統治に協力した人々は、解放後に断罪の対象となった。同様に、ナチス統治下のフランスでドイツに協力した人々は、解放後に処罰された。

アチェにおいても、インドネシア軍に投降した自由アチェ運動のゲリラ兵や拷問を受けたため機密情報を漏らした者は、「裏切り者」として嘲笑や差別の対象となったようだ（東、二〇〇八）。しかし、アチェでは大々的な「復讐劇」は見られなかった。

なぜだろうか。実は、アチェの有力者たちは、既得権益を失ったわけではなかった。むしろ、和平合意により、石油や天然ガスの収入が、新たにアチェに歳入として加えられることで、彼らの利権は、むしろ拡大した。さらに、約八十億ドルにまで膨れた被災地復興資金の存在は、莫大な利権を生み出していた。

そして、これらの予算を取り仕切る地方議会は、アチェの政治家たちに牛耳られたままだ。もちろん、和平合意後に初めて実施された二〇〇九年の州議会選挙では、自由アチェ運動が母体のアチェ党が躍進したことはいうまでもない。しかし、それでも新規参入者のアチェ党は議席の半数に届かなかった。既存の政党が依然として過半数を占めていた。

県議会や市議会でも、同様にアチェ党が大躍進したものの、既存の政党が過半数を死守している。地元の政治家たちは経済界とも癒着している。議員や官僚としての地位を悪用して、この莫大な利権を手中に収めていたのだ。

高等教育を受けていた地元有力者の子息たちが、津波からの復興支援で駆けつけた国際機関やNGOに就職した（国際機関やNGOの給料は、地元の一般的な所得に比べ、高額なことが多いため、これも新しい利権となる）。自由アチェ運動に加わった若者は、ゲリラ戦には長けていても、通訳、報告書作成、経理などの実務には向いていない。このことも地元有力者一族の権力基盤を盤石なものにしたといえる。

他方、ゲリラ組織だった自由アチェ運動が、権謀術数を駆使した権力政治で、これら既得権益のシステムに食い込むことは難しい。そのうえ、彼らの力の源泉となっていた戦闘が終結し、和平合意に基づき、彼らは武装解除に応じていた。したがって、既得権益を握ったエリート集団との対峙は得策とはいえなかった。

くわえて、アチェ特別州知事候補の選出にあたり、自由アチェ運動が内部分裂したことも、既得権益層が弾劾されなかった理由として挙げられる。実は、自由アチェ運動が、アチェ党という政党に転身する準備や選挙キャンペーンなどの政治活動を展開するためには、それらを技術的・事務的に支える人材が必要だった。その人材として、自由アチェ運動幹部は、地元有力者の子息たちを選んだ。これで彼らの間には互恵関係が成り立つ。

たとえ、選挙によって、アチェ党が首長の座を得たとしても、予算の立案と執行といった地方行政を回していくには、議会や官僚のサポートが欠かせない。したがって、既得権益を握る集団と新規参入勢力としての自由アチェ運動幹部との間に大きな軋轢は生じなかった。同時に、自由アチェ運動に参加したゲリラ兵たちは、政治家や官僚として立身出世した自由アチェ運動幹部との関係を活かして、復興予算の一部を確保する道が与えられた。

このように、新規エリートと既存エリートとの紳士協定の枠組み内で、利権を分配する仕組みが確立されていく。新旧エリート間で利権を奪いあうのではなく、共有していくことで、コンセンサスが形成された。このことが、アチェのコミュニティ内の和解を促進したといえよう。また、自由アチェ運動内においても主従関係に基づく論功行賞がなされたことで、不満分子の出現を抑えることができた。このことも、和解を推し進める要因となる。これらが可能になった背景には、莫大な震災復興資金の存在があった。

†政治的和解を促した選挙制度

ここで、民主制と選挙を通じた権力分有の仕組みが、政治的和解の実現に寄与したことを指摘しておきたい。

一般的には、競争原理に基づく選挙は勝者と敗者を生み出す。そのため、選挙で勝つために、異なる陣営間での対立が尖鋭化しやすい。紛争直後の選挙では、戦時中の負の遺産（敵対勢力が犯した悪行や彼らから受けた被害）を強調して、自陣の地盤を固めようとするからだ。

第七章で紹介するボスニア・ヘルツェゴビナでは、セルビア人（正教徒）、クロアチア人（カトリック教徒）、ボスニア人（イスラム教徒）が三つ巴になって争う。内戦後の選挙では、民族主義的な主張を展開した極右政党が勝利する一方で、民族融和を目指す穏健政党は惨敗した。

ところが、アチェの場合は、選挙を通じた民主制の導入が奏功している。アチェの首長選挙は、インドネシアの大統領・副大統領選挙の形式を踏襲した。知事・副知事候補がペアで立候補する。有権者は望ましいペアに対して投票することになる。

州知事選にあたり、自由アチェ運動は分裂した。イルワンディは支持基盤を拡大するために、自由アチェ運動の幹部ではなく、ムハマンド・ナザールを副知事候補に選ぶ。ナザールは、アチェ住民投票情報センターという学生活動家集団を束ねる若手エリート層の領袖とされる人物だ。イルワンディと対立することとなったアチェ党は、自由アチェ運動の幹部のペアを知事・副知事候補に立てて選挙に臨む。既存の政治家たちも、それぞれペアを組んで立候補した。私の取材には「自分の番は終わった」といっていた政治家たちも、ちゃっかり出馬していた。

州知事選の結果が示すように、新旧エリートが手を握ることで、新しい権力基盤が生まれた。そして、その政治的打算が和解を促したのだ。

†和解の理想形

本章を閉じるにあたり、和解に理想形はあるか、考えてみたい。対立していた人々が、過去の問題を清算し、将来への禍根を残さない状態に至ることが、和解の理想形だとしよう。アチェの和解の優れていたところは、アチェの独立未満自治以上を担保するアチェ統治法を定めた過程に見出せる。

アチェ統治法は、インドネシア国内法として、合法的な手続きに基づき立法化された。草案の作成には広く住民が参加した。最終的に法律としての体裁を整えるために、法律の専門家が条文を作成したとはいえ、アチェの市民社会の代表が、人々の意向を代弁する形で、草案作成に影響力を行使している。

もちろん、先述の農夫のような草莽(そうもう)の士の意見は、汲み取られなかったかもしれない。しかし、イスラム法学者やNGOに属するアチェ社会のエリートたちが、自らの将来を議論できたことは、その後の和解に建設的な効果があったと思われる。

また、自然災害を契機に、国際社会の関心が高まっているうちに、合意を成文化することができたことも和解に役立った。それにより、インドネシア政府はアチェ住民の意向を尊重する特例措置を認めることになった。復興支援のために集まった国際機関の目、さらには復興支援のために集まった国際社会からの支援金が、和平合意の履行を確かなものにしたといえよう。

他方で、アチェの和解において軽視されたものとして、女性の視点が筆頭に挙げられる。取材に応じてくれた大学の研究者やNGOの職員の多くは女性だった。この点からは、必ずしも女性の社会進出が遅れているとはいえない。

しかし、アチェでは、シャリアと呼ばれるイスラム法の適用が認められた。イスラム法廷も存在する。自由アチェ運動は、当初からイスラム法の適用を求めていたわけではない。解放運動に対するイスラム指導者の理解と協力を得るために、イスラム法の適用を主張した。取材したアチェの指導者によれば、戒厳令下、国軍による人権侵害が野放しとなっていた無法地帯に住む身として、シャリアでも何でもよいから、法の支配に縋りつきたい、という思いが強かったという。とはいえ、シャリア法廷には課題も残る。ある女性団体の代表は次のように語る。

「シャリア法廷の問題は、裁判官や有力政治家が神（アッラー）の言葉を勝手に解釈し、内規（by-law）を作ってしまう点にあります。シャリアが問題なのではありません。恣意的な判決がなされる恐れがあることが問題なのです」

このことは、信仰によってアチェの人々の紐帯を強めたかもしれないが、同時に女性の権利が置き去りにされたともいえる。

†少数派のなかの少数派

もう一つ言及しておくべき和解の局面がある。アチェに住む非アチェ人と多数派のアチェ人との和解だ。アチェの山間部には、コーヒーのプランテーションが存在する。ガヨ・コーヒーと呼ばれ、とてもコクと香りが高いコーヒーが穫れることで有名だ。スハルト開発独裁のもと、この地域には多くの非アチェ人（ジャワ人が多数を占める）が、輸出用作物としてのコーヒー栽培の労働力として入植していた。

この非アチェ人の少数派コミュニティとアチェ人の多数派コミュニティとの間に亀裂が生じた。分離独立をめぐる和平交渉は、中央政府と独立を志す少数民族との間で重ねられる。しかし、争点となっている地域には多様な人々が暮らす。少数派のなかに、さらに少数派がいる。ところが、和平交渉では、主要な対立軸の解消に焦点が当てられるため、少数派のなかの少数派の意向は軽視されてしまう。

そのため、アチェのなかで少数派となる非アチェ人コミュニティは、アチェ特別州への帰属を拒む。彼らの居住区のアチェ特別州からの分離（行政区画の変更）を求める。

この問題は、人々が多数派から少数派に転じることを避けようとし、独自のコミュニティを維持したいと考える欲求に基づく。そのため、他の和解の文脈でも課題として浮上しやすい。

フィリピンのミンダナオ和平においては、モロ・イスラム解放戦線やモロ民族解放戦線といったイスラム教徒が、中央政府との交渉窓口となった。そのため、ルマドと呼ばれる非イスラム教徒の先住民やフィリピンの他地域から入植してきたキリスト教徒の権利が軽視されかねない。そこで、交渉時には、彼ら少数派のなかの少数派の権利の保障が争点に加えられた。分離独立紛争は、アイデンティティをめぐる闘争となる傾向が強い。そのため、アイデンティティを共有できない人々が排除され、差別されるのではないか、という懸念が生じる。第二次世界大戦における敗戦に伴い、大日本帝国が崩壊した。日本に居住していた朝鮮人のなかには、日本に留まった者もいる。彼らや彼らの子孫は今も在日コリアンとして日本で暮らす。日韓の歴史認識問題において、在日コリアンの意見は主流化しにくい。主要な対立軸の影で、軽視されがちな「少数派のなかの少数派」のことも視野に入れていくことが、和解を考えるうえで重要な視点となる。

紛争地を歩く知恵4 入国ルートの手間を惜しむな

震災前のアチェには戒厳令が敷かれ、外国人の入国は規制されていた。しかし、未曾有の震災を受け、インドネシア政府は外国からの支援の受け入れに踏み切る。支援物資とともに外国人にも門戸が開かれた。

この好機を逃さず、私は津波の直後にアチェに入った。知人がＡＭＤＡという岡山市に本部を置くＮＧＯからアチェに派遣されていた。彼女の協力を得て取材を敢行する。

津波の直後だったこともあり、スマトラ島にあるインドネシアの地方都市メダンから空

津波からの復興のシンボル、アチェの州都にあるバンダアチェ空港。

路で入国することにした（シンガポール経由）。ジャカルタにある国際空港ではなく、メダンから入国した理由は、地方空港の入国管理官は、首都空港の入国管理官と比べて概して緩いという経験則からだ。一手間かかるが、インドネシアの地方都市に入国してから、国内線でアチェ入りするほうが怪しまれない。工夫が奏功して、入国審査では訪問の理由も聞かれないまま、「ガチン、ガチン」とスタンプが押された。

メダンで一晩を過ごし、翌朝、アチェの州都バンダアチェに飛ぶ。予想どおり、国内線だったので、ノーチェックで空港の外に出た。現地ガイドが迎えに来てくれている。彼女とは一度日本で会ったことがある。日本語を勉強しているといっていた。アチェでは語学学校で日本語を教えているという。

彼女は自由アチェ運動の諜報員という裏の顔ももつ。彼女を紹介してくれたのは、マレーシア工科大学のカマルザマン・アスカンダール（通称ザム）だった。マラッカ海峡を挟んでアチェの対岸にはマレーシアがある。インドネシア当局に追われた自由アチェ運動の活動家を守るため、ザムは、逃亡してきた彼らを学生として受け入れていた。

第二次世界大戦中に、リトアニアでビザを発給し、ユダヤ人を救った杉原千畝のように、ザムは学生ビザを発給するための書類を書き続け、何人ものアチェ人活動家の命を救っている。

第五章
東ティモール
——和解の二局面

国連暫定統治下で実施された東ティモールの最初の国政選挙。
投票のために朝早くから並ぶ有権者たち。

本章では、東ティモールで見られた和解の二局面を解説していく。第一の局面は、独立を争ってきたインドネシアとの政治的な和解。第二の局面は、東ティモール社会内部の和解。独立紛争は、東ティモール社会を、独立を目指す一派とインドネシア統治を支援する一派とに分断した。第二の局面は、この分断された社会が、再統合を目指す過程で生じた。

東ティモールの和解には、国連などの第三者が大きな役割を果たす。国際社会の平和構築の筋書きに従って、紛争にピリオドが打たれた。選挙を通じた新政権の発足が支援され、新しい国家が生まれた。その一方で、国際社会の思惑とは異なる形で、正義の問題が処理された。独立という長年の夢の実現と引き換えに、過去の禍根を水に流す。隣人を裁いて応報的正義を実現するよりも、隣人との共存が選択された。独立運動の英雄の求めに応じたのだ。

しかし、その結果、蓄積された人々の不満が暴力的に爆発してしまう。新生国家として船出した東ティモールは、不満を抱えた人々を落ち着かせることに腐心した。東ティモール政府は、不満を抱えた人々に金をばら撒く。

この対応には、国際社会の批判が集まる。そこで、本章では、和解と金の関係も考えていく。

1　和解の背景

†東ティモール略史

東ティモールとは、インドネシアの東、オーストラリアの北の赤道付近に位置するティモール島の東半分の地域を指す。この島は、『マゼラン　最初の世界一周航海』（二〇一一）に登場する。そこには、ティモール人は片耳が異様に大きく、彼らはその耳たぶに包まって眠ると書いてある（もちろん、そんなことはない）。この大航海時代に、ティモール島はポルトガルによって植民地化されてしまう。その後、ポルトガルとオランダの協定により、島が東西に分割された。東側がポルトガル領（現在の東ティモール）、西側がオランダ領（現在のインドネシア）となる。

第二次世界大戦では、オランダは連合軍に加わり、ポルトガルは中立を選ぶ。日本軍が南方に進軍するなか、ティモール島も日本軍に占領される。東ティモールの海岸には、旧日本軍が建設したとされるトーチカの残骸が今でも残る。

戦時中は、沖縄県の部隊がティモール島に派遣されたらしい。沖縄県を訪問予定の東ティモール人青年団のホームステイ先を求めて、新聞に案内を出すと、旧帝国軍人として、ティモール島に派遣された方から連絡をいただく。ティモール人にお世話になったお礼がしたいという。その方は、伝令の任を受け、山越えをしていた。しかし、道に迷い、夜になってしまう。途方に暮れていると、明かりが見える。それは、中華系ティモール人のお宅だったそうだ。事情を話すと家のなかに招き入れてくれ、食事まで提供してくれた。九死に一生を得たお礼をしたい、と申し出てくれた。

別の方からは、次のような依頼まで受けた。

「父がティモール島に駐屯中に現地の女性と懇意になり、子どもを授かったそうです。けれども、敗戦によって引き裂かれて、今は行方がわかりません。兄を探してくれませんか」

このように、第二次世界大戦において、日本は東ティモールとの関わりを持っていた。詳しく知りたい向きは、後藤乾一(けんいち)『〈東〉ティモール国際関係史』(一九九九)が参考になる。

連合軍として大日本帝国と戦っていたオーストラリアは、ティモール島に特殊部隊を派遣して、日本軍に対してゲリラ戦を試みた。ディリ市街を一望できるダレという丘陵地には、ダレ記念博物館&カフェ(Dare Memorial Museum & Cafe)がある。ここでは、第二次世界大戦において、旧日本軍と戦ったオーストラリア兵と東ティモール人協力者についての展示がなされている。日本人の目から見れば、その展示の内容は一方的に感じられた。だが、それを補って余りあるほど美しい眺望が、眼下に広がる。その展示が示すように、現地の人々は、日本軍に協力した者とオーストラリア側についた者とに分かれた。

　日本の敗戦とともに、ティモール島の西側はオランダ領に、東側はポルトガル領に戻る。その後、インドネシアの独立戦争を経て、西側はインドネシアの一部として独立を果たす。ところが、東側はポルトガル領として維持される。一九七四年にポルトガル本国での革命を機に、ポルトガルの植民地が解放されることになった。東ティモールでも独立に向けた動きが活発化していく。

東ティモール地図

　東ティモールは早期独立を目指す一派、早期独立には反対し宗主国ポルトガルとの関係維持を主張する一派、インドネシアへの統合を求める一派とに分かれる。そして三つ巴の内戦に発展してしまう。このときに内戦を制したのが、独立を求めた一派だ。その旗頭は、東ティモール独立革命戦線（フレティリン）。彼らは一九七五年に、東ティモールの独立を宣言する。しかし、その独立は、インドネシアの軍事侵攻によって、三日天下となってしまう（実際には九日間）。

✝インドネシアの軍事侵攻と抵抗運動

フレティリンは、ティモール島の東部がインドネシアに併合されてからも、ジャングルで抵抗運動を続けた。インドネシア軍による併合の時期は、一九七五年に米国がベトナム戦争に敗れた時期と重なる。米国は共産主義の東南アジアへの拡大を恐れていた。フレティリンが掲げたイデオロギーは、資本家を倒す革命を謳った共産主義だった。そこで、東南アジアにおける反共の砦として位置づけていたスハルトに対して、米国が軍事侵攻を唆したとされる。

そこから、二十四年間の軍事占領が始まる。東ティモール紛争は、軍事侵攻をしたインドネシアと、それに抵抗した東ティモール人勢力という構図が成り立つ。同時に、インドネシア治安当局は、東ティモール人を警察官として雇用して、当局の手足として用いてきた。

血気盛んな青年たちは、治安当局に「民兵」として動員され、抵抗を続ける人々に対して睨みを効かせる役割を担う。彼らは、パンチャシラというインドネシア建国の理念を暗唱させられた。日本で夏休みの朝に、町内の子どもたちが公園に集まって、ラジオ体操をするように、東ティモール人の青少年が広場に集められて、パンチャシラを唱えていたようだ。

他方で、軍事的に劣勢に立たされていた抵抗勢力は、ジャングルに籠もりゲリラ戦を展開していく。このゲリラ組織は、東ティモール民族解放軍(ファリンティル)と呼ばれた。もともとは、フレティリンの軍事部門だったが、ノレティリン以外の抵抗勢力を包摂する組織として再編され、地下活動を展開した。ファリンティルとインドネシア治安当局や手先の民兵との闘いは、スハルト独裁崩壊直後の一九九九年まで続く。

東ティモールについては、多くの書籍が出版されている。東ティモールの概要を知りたければ、山田満編『東ティモールを知るための50章』(二〇〇六)が最も手に取りやすい。東ティモール人によるインドネシア支配に対する抵抗の歴史を知りたければ、松野明久『東ティモール独立史』(二〇〇二)が有益。国連職員として、東ティモールの国づくりを支えてきた長谷川祐弘による『平和構築の志』(二〇二〇)、国連暫定統治下の東ティモールで県知事を務めた伊勢崎賢治による『東チモール県知事日記』(二〇〇一)、在東ティモール日本大使だった花田吉隆による『東ティモールの成功と国造りの課題』(二〇一五)は、それぞれの立場から東ティモールを分析しており、多角的に東ティモールを理解するのに役立つ。

†一九九九年の住民投票

東ティモールの問題は、国連の仲裁のもと、インドネシア政府と旧宗主国のポルトガル政府

東ティモールの大統領選挙。出馬した元ゲリラ総司令官のシャナナ・グスマンを応援する人々。

との間で交渉がなされていた。公式・非公式の会合が重ねられる。

スハルト独裁体制下では、和平の気運は高まらず、インドネシア各地の大学に進学していた東ティモール人の若きエリートたちは、インドネシアの青年たちとともに、独裁を打倒するための民主化運動に加わっていく。

民主化運動に押されて、ついにスハルトは退陣を強いられる。スハルトを引き継いだハビビ大統領は、東ティモールに対して特別自治権を付与するとし、その是非を問う住民投票を実施することを約束した。住民たちが特別自治に同意すれば、東ティモールは、インドネシアに留まることになる。同意しなければ、それは独立の意思を示したと解釈される。

国連は、国連東ティモール・ミッション（UNAMET）を派遣し、住民投票を実施した。ただし、インドネシア政府は、東ティモールにおける治安維持に関する権限を国連に譲らない。そのため、UNAMETは平和維持部隊を持たない文民中心のミッションとなる。

投票結果が明らかになり、特別自治が否決されると、インドネシア治安当局や民兵による破壊や殺戮が独立派の住民に襲いかかる。東ティモールの和解を語るとき、この住民投票直後の暴力が、一つの焦点とされてきた。

なお、この時期には、インドネシアの中央政界において改革が進められており、一九九九年六月には総選挙が挙行され、ワヒドが大統領に就任している。

†和解の二局面

東ティモールの和解の局面は、大きく分けると二つあった。まずは、国家レベルの政治的和解。つまり、インドネシア政府（とくに治安当局）と東ティモール政府との和解。次に、東ティモール国内での、併合派（インドネシアへの併合を推進）と独立派との和解。つまり、インドネシアの軍事占領に加担した者と抵抗した者との和解。

この第二の局面には、さらに二つの支流が存在した。一九九九年の住民投票後の騒乱で、インドネシア治安当局とともに西ティモールに逃れた東ティモール人たちがいた。彼らの帰還の問題が、まずは浮上した。彼らのなかには、独立派の住民に対する犯罪行為を働いていた者がいる。そのため彼らの処遇や社会復帰が問題視された。

今一つの枝分かれは、二〇〇六年に顕在化した社会内部の分断にかかわる。これは「戦後」に浮上した和解の問題だ。抵抗運動に身を捧げた東部住民とインドネシアに協力した西部住民という対立軸が、戦後に政治化した。そのため、東西の住民間の和解が課題となった。

この課題と関連して、誰が「退役軍人」として国民的栄誉に浴するのか、という点が国民全体の関心を惹く。「退役軍人」となれば、英雄として名誉にあずかることができるだけでなく、恩給が受け取れる。ゲリラ兵は、正規兵とは違い、国家の公式記録が残っていない。多くの場合、身の安全のため偽名（暗号名）で活動していた。

たとえば、ファリンティルの最高司令官で、独立後は、国軍最高司令官、大統領、首相を歴任しているジョゼ・マリア・デ・ヴァスコンセロスは、今でもタウル・マタン・ルアク（鋭利な二つの目）というゲリラ時代の呼称で活動している。このような事情も重なり、誰が退役軍人なのかを定めるのは、容易ではない。

また、ゲリラ活動にはゲリラを支える地下組織が必要になる。武器弾薬、隠れ家、食料、情報を提供した地下活動家も恩給の対象とするのか否かが、国民の関心を集めた。

†国連の平和構築支援

東ティモールは二〇〇二年五月二十日に独立を回復する。一九九九年から独立回復までの期間は、国連東ティモール暫定行政機構（UNTAET）が国家運営を担う。一九七四年から一九九九年までに犯された人権侵害に対して、国連は、二通りの対応を用意した。

まず、重大犯罪に対する特別法定を設置した。深刻な犯罪とされた殺人やレイプなどの容疑者に、法の裁きを受けさせるためだ。他方で、傷害や器物損壊などの軽犯罪の容疑者には、受容・真実・和解委員会を開廷することで、彼らが地域社会に復帰する道を提供した。

しかし、この対応には課題が残されていた。東ティモールで深刻な人権侵害を犯した人物やインドネシアによる軍事占領に対して責任を負う者は、インドネシア治安当局者である。彼らは一九九九年の住民投票後には、インドネシア領へと退散していた。

同時に、民主化を遂げつつあったとはいえ、インドネシア政府は、東ティモール侵攻を指揮した国軍の要人を拘束することを拒んだ。特別法廷はインドネシア国軍の高官を含む容疑者を起訴したものの、インドネシア政府は彼らの身柄の引き渡しを拒否。結局、裁判が実施できたのは、インドネシア国軍の手足となっていた末端の東ティモール人民兵たちに限られた。

もちろん、国際社会は黙ってはいない。インドネシア政府は批判に晒される。批判をかわすため、東ティモールに関する特別人権法廷をインドネシア国内に設置した。国軍所属の十八名が審理に付されたが、いずれに対しても無罪判決が言い渡された。

†インドネシアとの和解

インドネシアによる軍事支配下での人権侵害に対しては、国際社会の後押しのもと、容疑者に刑罰を科すことが試みられる。しかし、現実には、容疑者を処罰することよりも、東ティモール政府は、隣国インドネシアとの和解を選択した。

これが和解の第一の局面。東ティモール政府は、平和を勝ち取るために、妥協という代償を払う。容疑者の身柄の拘束や引き渡しをインドネシア政府に要求することはしなかった。ファリンティルの最高司令官として抵抗運動を率いたシャナナ・グスマン東ティモール大統領と元インドネシア国軍の将軍だったスシロ・バンバン・ユドヨノ・インドネシア大統領が出した答えは、両政府が協力して真実・友好委員会を設置することだった。

この取り組みは、人権擁護団体が糾弾するように、実質的には、一九七四年から一九九九年におけるインドネシアによる人権侵害を不問に付すという結果をもたらす。これを和解と呼べるのか。この政治的な妥協劇は、正義の追求を訴える人権団体から厳しく批判された。しかし、グスマン大統領は、次のように自らの選択を振り返った。

「この弱小な東ティモールの隣国が強大なインドネシアである事実を変えることはできません。だとすれば、わが国が生き残る道は、インドネシアとの友好関係を築く以外にないのです」

同時に、インドネシアの人々からも、次のような言説が囁かれた。

「スハルト独裁政権下では、私たちも犠牲者でした。私たち犠牲者は共闘し、民主化運動の末、スハルト独裁を打倒したのです」

当時、インドネシアの国民一般は言論統制下に置かれていた。報道の自由も限られていた。そのため、治安当局が犯した数々の人権侵害を見聞きすることはなかった。

二〇一九年七月にグスマン計画戦略投資大臣（元大統領・元首相）がインドネシアを訪問した。両国間に懸案事項として残っていた国境の画定作業を終え、合意文書に調印する。インドネシア側の調印者は、ウィラント政治・法務・治安調整大臣。ウィラントはスハルト時代には陸軍参謀総長の地位にあり、一九九九年の住民投票後の騒乱（国軍や民兵による殺戮や人権侵害）を指揮した人物だ。重大犯罪に対する特別法定において起訴されたが、本人は関与を否定する。

ウィラントは、スハルト体制の崩壊から民主化を経て、現在に至るまで、インドネシア政治の中枢に君臨している。スハルトを継いだハビビ政権では、国防治安大臣と国軍総司令官を兼務した。続くワヒド政権でも政治・治安調整大臣として入閣を果たす。二〇〇四年の大統領選に出馬したが、同じく国軍出身のユドヨノ元将軍に敗れた。二〇一四年にユドヨノの後を継いだジョコ・ウィドド大統領の現政権下で、政治・法務・治安調整大臣に返り咲いている。

†受容・真実・和解委員会

次に、和解の第二の局面を検討する。こちらは、分断されたコミュニティを紡ぎ直すことが目的だった。国連暫定統治下で、重大犯罪以外を管轄する受容・真実・和解委員会（CAVR）が設立される。南アフリカの真実・和解委員会をモデルに、東ティモールの伝統的な儀式と近代的な仲裁の手順を織り交ぜた混合形式の取り組みだ。ところが、同委員会は、加害者を紛争被害者として捉え直し、加害者のコミュニティへの復帰に重点を置く。暴力や人権侵害の直接の被害者の救済が重視されていたわけではない。

東ティモールでは、ポルトガルの植民地時代からインドネシア軍事占領期においても「村（suco）」が基本的な行政単位となっていた。それは独立後も継承されている。他方、宗教的・伝統的な血縁共同体の単位は、「字（aldeia）」と呼ばれる。各字には、それぞれの血縁共同体が先祖信仰の対象としている「聖なる家（uma lulik）」がある。ポルトガルがもたらしたカトリック教と今でも共存している。村役場、教会、聖なる家の三位（さんみ）が渾然一体と化す。そんな風景を農村部ではよく見かけた。

受容・真実・和解委員会は、村単位で実施される政府事業だった（国連暫定統治下に国連主導で立案）。仲裁パネルと呼ばれる複数の専門家が、公聴会に立ち会い、審理を進行する。同時に、和解の儀式を取り持つのは、「リアナイン（言葉の主）」と呼ばれる伝統的な紛争解決人だ。

受容・真実・和解委員会では、一九七四年のインドネシアによる軍事侵攻から一九九九年の住民投票後の騒乱において、軽微な犯罪行為に手を染めた者たちをコミュニティに復帰させることに主眼が置かれた。真実を語ることで罪が許されるという基本構図だ。もちろん、器物損壊などの罪の場合は、弁済や修復作業を命じられたり、奉仕作業という形で「服役」したりする事例もあったようだ（クロス、二〇一六）。

†二〇〇六年の政治・治安危機

東ティモールでは、二〇〇二年の独立回復以降、政治的に不安定な状況が続く。この政情不安は、必ずしも和解の失敗に起因するわけではない。仇敵インドネシアとの政治的和解は進んでいた。しかし、インドネシア統治時代の禍根は残されたままだ。それが政治的な対立や摩擦に乗じて息を吹き返したのかもしれない。

独立後の最大の危機は二〇〇六年に訪れた。この危機は、国軍内での待遇に不満をもつ兵士がデモを始めたことに端を発する。デモに参加した兵士は、待遇の改善を嘆願したため「嘆願兵」と呼ばれる。その数は国軍の約半数に膨れ上がった。ルアク国軍司令官は嘆願兵を全員罷免する。それをきっかけに、対立する政治家を巻き込んだ政争に発展。騒乱が発生し国軍と警察が銃火を交えてしまう。事態の収拾にオーストラリア軍を中心とする多国籍軍が投入された。国連東ティモール統合ミッション（UNMIT）も支援に乗り出す。UNMITは二〇一二年十二月に撤収するまで、約六年間にわたり、東ティモール国家警察の改革に取り組む。

「嘆願兵」には、国連東ティモール暫定行政機構（UNTAET）時代に国連によってリクルートされた西部出身者が多かったという。対して、国軍内で優遇されていたのは、ファリンティル出身の兵士たちだ。彼らは東部出身者で、東部出身者はインドネシア統治に対して「抵抗」した英雄として位置づけられる。国連が新規に雇用した西部出身者は戦歴のない者たちだとされた。

国連が国軍兵士を雇用したとき、健康状態や学歴などを審査した。長年、ジャングルで抵抗活動に従事してきた元ゲリラ兵の多くは、滋養が不十分で健康面で失格となった。また健康体であっても学校で学ぶ機会がなかったため、学歴が足りずに不合格となった。他方で、インドネシア統治下で、敵に「協力」した者は、インドネシア政府の奨学金で、インドネシア国内の大学で学ぶ機会を与えられていた。ジャングルで暮らしたゲリラ兵に比べ、食生活も恵まれ、病院にもかかれる状況だった。そんな彼らが健康診断で不合格となる可能性は低かった。

このような条件下、国軍兵士の新規採用において、東部出身者が冷遇され、西部出身者が優遇されたという認識が、元ゲリラ出身の兵士たちに共有される。その反動で、逆に国軍発足後の昇進では西部出身者が冷や飯を食わされる。なぜなら、国軍の幹部は、政治的な裁量で選ばれた元ファリンティルの司令官たちだったからだ。

この根っこを辿れば、東ティモール社会内の亀裂に行き着く。インドネシア統治に抵抗した者と恭順の意を示した者という対立軸。これも和解の課題として、戦後に浮上したものだ。

その後、「嘆願兵」の一部は反乱軍となり、政府と対峙する。二〇〇八年に反乱軍は、大統領と首相を狙った同時テロ（未遂）に及ぶ。首謀者の一人が射殺され、もう一人が拘束されると、東ティモールにおける政情不安は徐々に収まっていく。

国民の一五％（約十五万人）ほどいた国内避難民も、世帯ごとに最大四千ドルの手当を得て帰還した。「嘆願兵」の復職は叶わなかったが、彼らは退職金（三年間の給与に千五百ドルの特別手当を加えた約八千ドル）を手にして国軍を去った。これら東ティモール政府の一連の政策は、「平和を買う（日本的にいえば、ばらまき）」と揶揄されたものの、紛争後社会のトラウマを抱えていた東ティモールを、第二幕へと誘う契機となった。つまり、国家建設の段階を紛争後の平和構築から開発へと一歩前進させたのだ。

2 和解の旅

†重大犯罪に対する特別法廷

東ティモールの紛争は、血縁共同体内部の分断、異なる血縁共同体間の軋轢、村内の異なる権威同士の権力闘争という側面があった。そして、和解とは、長年にわたり対立していた人々が、同じ国家やコミュニティにおいて、再び同胞として、撚りを戻して暮らしていけるか、という問題である。和解をしたといっても、糸は撚りを戻さずに、別々の糸として、共存しているだけではないのか。こんなことを知りたくて、国連暫定統治下の東ティモールを目指す。

まず、重大犯罪を犯した容疑者を裁く特別法廷を傍聴する。審理の子細は不明だが、裁判官に容疑者とその弁護人、検察官が法廷内にいた。傍聴席には被害者の遺族が隣席していた。

国連暫定統治下の東ティモールには、裁判官、弁護士、検察官などの法曹専門家は数えるほどしかいなかった。日本においても、これら専門職に就くためには、法律の勉強をし、司法試験に受かり、経験を積む必要がある。当時の東ティモールでは、これら法曹専門家の育成は、これから着手すべき課題として位置づけられていた。

そもそも、この時期は、憲法を制定するための委員が選出されたばかりで、これから憲法草案が議論される状況だった。もちろん、刑法や民法などの各種法律は、いまだに整備されていない。当座の対応として、インドネシア統治時代に使われていた法律を国連が一部修正したものを援用していた。警察や軍隊などの国家行政機構は、憲法制定前に国連によって作られたものの、これらを規定する組織法も未整備のまま走り出した。

私が傍聴した裁判では、裁判官をケニア出身の国際職員が担っていた。法廷において、彼は英語を用いて審理を進める。しかし、容疑者は英語を理解しない。もちろん、傍聴席にいた遺族たちも理解していなかった。そこで、裁判官の言葉は、英語からインドネシア語に通訳される。しかし、検察官はポルトガル人で、彼はポルトガル語で話す。英語やインドネシア語は話さない。検察官の言葉は、ポルトガル語から英語、英語からインドネシア語へと通訳されていく。弁護人の身元は確認できなかったが、彼はインドネシア語を話していたので、インドネシア人かマレーシア人だったのだろう。いずれにしても、多言語が飛び交う。通訳の往復が何度も繰り返され、とても審理に時間を要していた。そして、公判の過程は、犠牲者や遺族が納得どころか、理解できるかも疑わしい代物だった。

裁判を受けた容疑者は、インドネシア治安当局の手先となって働いた末端の民兵たちだ。人権侵害を指示した大物は、罪を免れている。さらにいえば、殺人罪や強姦罪で有罪となった民兵たちは、数年の刑期を終えて出所していた。しかし、犠牲者や遺族に対しては、十分な支援が提供されているわけではない。そのようななか、憤りを顕わにする遺族に出会う。

「夫を殺され未亡人となった私には、七人の子どもたちがいます。しかし、政府からは何の補償もありません。結局、生活が成り立たず、子どもたちは親戚に引き取ってもらいました。それなのに、どうして罪を犯した者が、平然と暮らしていけるのでしょうか」

†受容・真実・和解委員会の公聴会

二〇〇三年に東ティモールのエルメラ県アトサベ村で開催されていた受容・真実・和解委員会の公聴会を傍聴した。

本来であれば、殺人は重大犯罪であり、国連が設置した重大犯罪に対する特別法定で審議されるはずだ。しかし、私が傍聴した公聴会では、遺族が殺人の容疑者に対して「真実」を明らかにするように迫る場面があった。この遺族の一家は、独立派と反独立派に分かれて対立していたらしい。父と長男は独立派だった。次男は反独立派の民兵に加わり、父親を殺害した。長兄は弟に父を殺した理由を詰問する。

「殺さなければ一家全員が皆殺しになるところだった。俺が見せしめに父さんを殺したので、仲間も満足して、母や妹たちを見逃してくれたのだ」

こんなやりとりが交わされる。残された家族が再び一緒に住めるようになるのか。

次の審理では、独立派の住民と併合派の民兵とが公聴会に呼ばれた。独立派の住民は、隣人の併合派の民兵に耳を削ぎ落とされた後、その耳を食べて飲み込むことを強いられた。元民兵は、次のように答弁した。

「当時の俺たち民兵は暴徒と化していた。皆が、お前を殺せ、殺せと騒ぎ立てた。このままでは、お前は誰かに殺されると思ったから、俺が一歩前へ進み出て、耳を削ぎ、お前にそれを食らわせたのだ。それで民兵のリーダーが満足したから、お前は殺されずに済んだ。耳がなくても生きていけるだろう。お前の命を助けるためにやったのだ」

私には、ひどい言い訳のように聞こえた。しかし、彼からすれば、一見残虐に見える行為は、隣人を救う苦肉の策だったという。

東ティモールでは、このような事件が多発した。同じ国家内で、同じ村内で、人々が立場や思想によって、異なる選択をし、対立し、殺しあった。

このとき私が抱いた感想は、公聴会では、元民兵が紛争の犠牲者として扱われ、彼らの社会復帰が重視されるあまり、民兵に殺された人や遺族は十分な補償を受け取っていない、というものだった。これまで従ってきた抵抗運動の英雄は、今や独立の英雄となった。彼らは新生国家の指導者として、和解の道を選択する。取材をした犠牲者や遺族のなかには、不満を漏らす者も多かった。けれども、みんなが貧しい。現実を受け入れて前に進むしかない。許しの気持ちではなく、諦めの感覚が、和解を促しているように思えてならなかった。

†コミュニティ内の和解

国連による暫定統治が終了し、東ティモールが独立を果たした後に、私はコミュニティの和解を支援する活動を現地で展開した。首都ディリの郊外にコモロという村がある。コモロ村には約九千世帯、約四万人が暮らす。地方から職を求めて若者が集まり、出身地ごとに郷友会を形成している。それらが対立して抗争に発展することがあった。そのため、コモロ村は治安が悪いことで有名だった。

東ティモール政府のコミュニティ紛争予防局の職員たちと、この村で、対立勢力間の和解を推進しようと、支援活動を立案した。職員の見立てでは、郷友会が暴力団となり、暴力団同士の抗争に一般市民が巻き込まれている、というものだった。

国連の支援で創設された警察は郷友会とのつながりが強い。たとえば、ディリ市の警察署長は、有力な郷友会の代表を兼ねていた。彼らは、国家の治安維持という公務執行よりも、郷友会を守ることの方に忠誠を誓っている。

東部出身のある男性が、西部出身のある男性と女性をめぐり喧嘩をした。その私闘が、東部対西部の闘いに発展する。現場に警察が駆けつけるが、事態を収拾するのではなく、各警察官が自分の郷友側に加担してしまう。

そこで、コモロ村内の郷友会の代表、所轄の警察官、村議会議員（字長、青年代表、伝統的長老、宗教指導者、女性団体代表で構成）が一堂に会して、ワークショップを開催することにした。会場は、村内の教会施設を借りることにした。シスターに開会の祝辞（祈り）を述べてもらう。

東ティモールでは、国際社会からの援助が注ぎ込まれていた。国際機関や外国のNGOが企画するワークショップでは、参加者に対して謝礼が支払われるのが習慣となっていた。しかし、コミュニティの和解を本気で求める人々に集まってもらいたかったので、謝礼は払わない、という方針で臨む。

ワークショップの冒頭で、主催者代表として、その旨を告げた。すると、謝礼目当てで集まっていた参加者から不満が漏れ、立ち去ろうとする者まで出てきた。そのとき、チンピラの親分のアメタが叫ぶ。

「俺たちの村のことを話すために集まったのではなかったのか。金のために集まった訳ではないだろう。戻ってこい」

アメタとは事前に面談をして、趣旨説明をしていたことが奏功したようだ。立ち去ろうとしていた人たちも戻ってきた。すると、女性団体代表が陰口をたたく。

「村のトラブルメーカーが、何を偉そうに。お前たちが悪さをしている張本人でしょう」

チンピラたちは、総じて若い（十歳代から二十歳代）。親分のアメタは、がっちりした筋肉質の体型だが、歳は二十歳代後半に見えた。対して、女性団体代表は、彼の母親くらいの年齢ではないだろうか。冒頭から緊張が走る。だが、アメタは怒る様子もない。

「村で問題を起こしているのは俺たちではない。郷友会の掟を守れない落伍者たちだ。俺たちは武道の稽古に励んでいるだけだ」

「それは喧嘩に勝つためだろう」

参加者から野次がとぶ。

このようにして、コミュニティ内での対話が始まった。批判を浴びたアメタが、そのドスの利いた声で、女性団体代表を威嚇するのではないか、と内心恐れた。ところが、彼は相手の意見に耳を傾けていた。他の参加者もチンピラたちに気がねすることなく、率直に忌憚のない意見を述べていた。

そこで、村の抱える問題について洗い出しをしてもらう。人々は、何が問題だと考え、その原因はどこにあるのか、語りあってもらった。アメタは続ける。

「俺たちも立派な村の一員だ。村のために何かしたいという思いは、人一倍強いんだ」

どうしたらアメタが率いる村の「トラブルメーカー」を「ピースメーカー」にしていくのか。

次のステップが、浮き彫りになった瞬間だ。

実は、これには裏話がある。ワークショップへの参加を求めるため、武道の稽古に励んでいるアメタを訪ねたときのこと。電気が通っていない空き地には、黒装束に身を包んだ若者が三十名くらい集まっていた。

PSHTという団体に属する彼らは、インドネシア由来の武術の稽古をしていた。型の演舞や寸止めではなく、フルコンタクトの稽古だ。訪問は夜だったので、彼らは、私の目には、忍者集団のように映った。

稽古場に通じる道が、治安のよくない場所だったので、肝を冷やした。案内役は、ワークショップを一緒に企画していたコミュニティ紛争予防局

東ティモールの海岸に残る旧日本軍トーチカ（向かって右手の建物）。

国内避難民キャンプに身を寄せる東ティモールの子どもたちと。

の職員。実は彼もPSHTの会員。その後、アメタは、東ティモール政府が暴力団対策のために設立した暴力団を束ねる組織の会長に就任している。

ユニセフ東ティモール事務所長を務めた久木田純の『東ティモールの現場から』（二〇一二）で、関連したエピソードが紹介されている。久木田は、武道に励む暴力団が敬意を示すのは、武道を極めた達人だと思い、ジャッキー・チェンを東ティモールに招聘した。ジャッキーは、各暴力団の組長たちを前に、武道の本来の姿を示すとともに、各派閥を超えた「平和の演武」を彼らとともに舞ったという。

コラム7　国連警察官が遭遇した危機

東ティモールの漁村に派遣されていたスペイン出身の国連警察官を取材したときのこと。ある政党の候補者と支持者百名ほどが、隊列を組んで東から練り歩いてくる。西からは、その対立候補と支持者百名ほどが徒党を組んで向かってくる。このまま両勢力が前進すれば、衝突は免れない。

彼は悩んだという。どちらかを説得して方向転換を促すか。両者の間で仁王立ちになり、身を挺して激突を防ぐべきか。それとも知らぬふりして、その場を立ち去るか。

当時、国連警察官には無線機が配給されていなかったという。応援を要請しようと、個人所有の携帯電話を取り出し、警察署に電話をかけた。だが誰も出ない。一触即発の事態が間近に迫りつつある。

「おお神よ。なぜ、あなたは、このような試練をお与えになるのか！」

天を仰ぐと、パトロール中のオーストラリア軍がやってきた。隊長に事情を説明して、一方の説得に向かってもらう。自分は、もう一方の説得に向かった。自分が説得した隊列は、空き地で演説会をすることに方針転換。オーストラリア軍が説得に向かった隊列は、方向転換に同意してくれたようだ。一件落着。

このスペイン人警察官とは、海辺の町リキサで取材をした。昼食時に食堂で話を聞く。彼の食事は、すぐに出てきたが、私の注文した食事は、一時間ほどの取材が終わったのに、まだ出てこない。

店主の姿が見えないので、店番をしている奥様に尋ねる。店主は魚を釣りに出かけたそうだ。私が注文した焼き魚にする魚を釣りに行ったとのこと。スペイン人警察官は、朝出勤する前に昼食を食堂で注文してから、職場に出かけると教えてくれた。そうしないと二時間は待つことになるからだとか。

さらに待つこと一時間。魚を携えた店主が戻ってきた。パクチーのような香草と一緒に蒸し焼きにされた魚にライムを搾って食べる。二時間以上待ったかいがあった。

3　和解の景色

†社会に潜む根深い対立構造

受容・真実・和解委員会が対応した和解の側面は、一九九九年に暴力として表面化した紛争の対立構造の一部に過ぎない。東ティモール社会には、さらに根深い対立軸が潜んでいた。

東ティモールの人々は、数百年にわたり異なる支配者を受け入れてきた。ポルトガル支配下では、伝統的な「統治者」の権威が揺らぐ。土着の宗教を取り仕切ってきた「言葉の主」は異端や野蛮として排除され、キリスト教の宣教師に取って代わられた。平家の世と源氏の世で、どの家系が利を得るのかが変わったように、勝ち組と負け組が生まれた。権威を喪失し、土地を奪われ、財産を失った家族は、世代を超えて、その記憶を語り継ぐ。次の機会に逆転を試みる。

たとえば、一九九九年の暴力は、インドネシアへの併合を主張する勢力と独立を求める勢力との対立から生まれた、と整理することは可能だ。しかし、村内での殺戮の事情をつぶさに調べると、併合派の民兵によって、独立派の住民が無差別に殺されたわけではないことがわかる。

数世代にわたって語り継がれてきた一族の禍根が原動力だった。現在の指導者が過去の指導者の子孫に狙われたのだ（歴史的文脈を知らない外部の者には、独立派の指導者が狙われた、としか見えない）。「江戸の仇を長崎で討つ」という表現が日本語にもあるから、あながち、理解不可能な論理ではない。ポルトガル時代の勝ち組は、インドネシアの軍事侵攻とともに負け組に転落した。しかし、インドネシア統治の終焉を好機と捉え、彼らが巻き返しを図った。国際社会が支援した受容・真実・和解委員会では、このような根深い事情を検証することはできていない。

ポルトガル時代に、ポルトガル人との血縁関係を結んだ東ティモール人の末裔は、メスチースと呼ばれる。現在の勝ち組は、メスチースが占め、インドネシアの軍事侵攻とともに、国外に逃れた者が多い。たとえば、ジョゼ・ラモス＝ホルタ大統領は、その一人だ。

インドネシア統治時代に、インドネシアの協力者となって、エリート層に返り咲いた者は、独立後に排除されつつあることを実感したという。彼らの視点からいえば、国語の設定過程が顕著な例だ。ポルトガル時代の支配層の言語であるポルトガル語は、インドネシア統治時代には、教育されていない。インドネシア統治下で大学教育まで受けた者は、ポルトガル語が話せない。言語政策が独立後の東ティモールの懸案事項となったのには、このような背景がある。

†対立を助長した言語政策

東ティモールは二〇〇二年に独立を回復してから、すでに二十周年を迎えた。しかし、抵抗運動時代の指導者のラモス＝ホルタが二〇二二年の選挙で大統領に就任したように、次世代のエリートへのバトンタッチが進んでいない。その根っこには、独立時に導入された言語政策がある。次世代のエリートは、インドネシアにおいて教育を受けてきたため、ポルトガル語が話せない。それが彼らの躍進の障害となっているのだ。

この言語政策をめぐる確執について補足しておく。一九七五年以前に公的教育を受けていたエリート層は、ポルトガル語を話す。しかし、その数は、国民の総数と比べて、きわめて少ない。ところが、一九七五年以降二十四年間の公教育は、インドネシア語であった。そのため、東ティモールのエリート層には、世代間の分断が生まれていた。

インドネシアによる支配が終わり、海外に逃れていた人々が帰国する。彼らは、政府や行政の要職に就く。このポルトガル語を話す少数精鋭のエリート集団は、ポルトガル語を国語として制定してしまう。ところが、国民の大多数は、ポルトガル語を理解しない。そこで、小学校でのポルトガル語教育が導入されるが、東ティモール人の教諭でポルトガル語を話す者はいない。やむを得ず、ブラジルからポルトガル語の教員を派遣してもらい、公教育を支えていく。

国立東ティモール大学では公用語がポルトガル語とされた。大学教員にもポルトガル語の習得が義務づけられる。教員たちは、次々とポルトガルへ語学留学に旅立っていく。

特定の勢力にのみ利するような言語政策は、たとえば、スリランカ内戦の火種となったように、社会を分断しかねない。東ティモールでは、言語政策によって内戦が再発したわけではないとはいえ、世代間の分断を招いた。これは和解の障害となりかねない。

†政治と治安部門改革

東ティモールは、独立回復を受けて、最初の民主的な選挙（二〇〇一年に制憲議会選挙、二〇〇二年に大統領選挙）を平和裏に実施していた。独立回復後初めてとなる二〇〇七年の選挙が内戦を誘発することはなかった。そして、混乱を乗り越えた二〇一二年の選挙も無事に終えている。

二〇一七年の議会選挙では、選挙後の与野党の対立が激化し、審議が進まず議会が空転した。そこで翌二〇一八年に解散総選挙（再選挙）となる。しかし、新政権は大統領と対立し、大統領が閣僚任命や予算承認を拒否することで政治的な混乱が生まれてしまう。その後、連立与党内の分裂と合従連衡の末、第八次立憲政府が誕生した。今では政治は落ち着きを取り戻す。

東ティモールの政局は常に揺れ、与野党の駆け引きや大統領と首相との対立が繰り広げられてきた。とはいえ、二〇〇八年以降の政治的な混乱において、国軍や警察が政治家によって政争の具として使われることはなかった。

政治的対立は、成熟した民主国家においても日常茶飯事。よって平和構築の観点から大事なことは、政治的対立に、国軍や警察が局外中立を維持している点だ。ミャンマー、タイ、スーダン、マリ、ブルキナファソなど、クーデターによる政権奪取が、いまだに世界各地で見られる。そのようなか、東ティモールでは、クーデターが発生していない。この結果から、東ティモールの治安部門改革は、成功したと評価してもよいだろう。

成功の要因は何であったか。対立していた政治勢力の間で和解が実現したからなのか。東ティモールで見られた合意を政治的和解というか否かは議論が分かれるかもしれない。しかし、曲がりなりにも東ティモールの指導者たちは、最低限のルールを確認し、それを遵守していく決意を新たにした。

最低限のルールとは、政争に武力を持ち込まないこと。権力を握れば、経済的な便益を独占できる。だが、その独占の誘惑を抑え、独立戦争の英雄たちが、分け前を共有することに合意した。彼らは、順番に大統領や首相の要職に就いていく。

この分け前は、指導者たちにとどまらず、末端の元兵士たちにも及ぶ。彼らも十分な恩給に与(あずか)り、国家への奉仕が報われる。それは部外者からは「茶番」に見えるだろう。選挙を筋書きが定まった「劇」であるかのように扱う。しかしながら、東ティモールの人々にとって、あるべき姿が復元されたことになる。人心が安定し、平和が訪れた。

治安部門改革で一番重要なことは、政治の安定だ。東ティモールにおいては、利益分配を通じた権力闘争の穏健化によって、それが可能となった。その後の開発段階においては、その安定を維持するための施策が優先事項となる。この観点から、最後に東ティモールで取り組まれた二種類の和解を振り返ってみたい。

†政治主導の和解と金による解決

移行期の正義では、政治的な和解が優先される。インドネシアと東ティモールは、友好関係を築くことができた。インドネシアが東ティモールから敵視され続けていれば、インドネシアは、その敵対的な隣国に対して、政治的な介入や内政干渉を試みていただろう。東ティモールに介入する口実をインドネシア国軍に与えていたかもしれない。そのような懸念は、東ティモールの指導者たちの英断によって、早期に取り除かれた。

他方、その反動として、東ティモール国家の黎明期には、国内が揺れた。そこで、受容・真実・和解委員会が国連主導で導入される。ナハ・ビテ・ボート（大きなゴザを広げる儀式）という伝統的な様式と、近代・西洋的な仲裁の取り組みとを折衷した「和解の儀式」が、国内に生じた亀裂の修復を試みる。

しかし、真実と正義の追求は、インドネシアとの友好にひびを入れかねない。そこで、東ティモールの指導者たちは、受容・真実・和解委員会の勧告の実現に対して消極的な姿勢を貫く。むしろ、金をばらまくことで、人心を安定させることに腐心した。

日本の裁判においても、被害者に対しての弁償や補償は、金で賄われる。だとすると、和解は（少なくとも当座は）、金で解決できるということか。もちろん、根本問題の治癒という意味での解決はできていない。しかし、和解をめぐる、捉えどころのない心の問題を、恩給や示談金に換金することで、人々が和解の壁を乗り越えていく（あるいは、一時的にでも目を逸らす）手助けとなったことは、記憶に留めておいてよい。

紛争地を歩く知恵5

現地に到着したら高台から俯瞰せよ

旅の前には、Google Mapで下調べをしよう。準備が整ったら、いよいよ現地に飛び立つ。現地に到着したら、まずは高いところに登ってみるとよい。高台や高層ビルの屋上から、鳥の目で周囲を俯瞰してみる。海や山などの目印（ランドマーク）を見つけ、東西南北の感覚を身につける。頭のなかに、地図を描くのだ。

東ティモールの首都ディリに着くと、まずは背後に迫る急斜面を駆けのぼった。見晴らしのよい所から市街を見下ろす。俯瞰図を周囲のランドマークとともに、頭に焼きつけて

ボスニア・ヘルツェゴビナの首都サラエボの街を丘陵から見下ろす。

おく。後々、地図を片手に陸路を走るときに役に立つからだ。

シリアとイスラエルの係争地、ゴラン高原を訪問したときのこと。日露戦争で、乃木希典に率いられた第三軍による二〇三高地の戦いを思い出す。児玉源太郎が「そこから旅順港は見えるか」と問い、観測兵が「見えます！　丸見えであります！」と返答した場面。高原と呼ばれるだけあって、ゴラン高原は見晴らしがよい。二〇三高地のようにゴラン高原からは、イスラエルが丸見えだ。実際に第三次中東戦争では、シリアがゴラン高原からイスラエルに砲撃を加えた。

頂に立ち、イスラエル側とシリア側を見比べる。イスラエル側は一面が緑に見えた。他方、シリア側は茶褐色の土漠だった。Google Map の航空写真でゴラン高原を見てほしい。停戦ラインを境に緑と茶褐色に二分されている様子がうかがえる。イスラエル側は灌漑設備が整っているのに対し、シリア側には、それが欠けているのが理由だ。

第六章

スリランカ
――多数派勝利後の和解

タミルの虎の本拠地だったスリランカ北部のキリノッチにて。
タミルの虎の装甲車を、身を挺して破壊した兵士の像が建つ。

本章では、スリランカ内戦後の和解の問題を取り扱う。この内戦は、和平合意によって終結したのではない。スリランカ国軍の一方的な勝利によって終止符が打たれた。勝者と敗者とが明確に分けられた内戦後に、敗者が新しい現実を受け入れる過程が、和解の実態だった。

一方の軍事的勝利によって戦争が終結することを無意識のうちに忌み嫌っていないか。紛争当事者の間で和平交渉がもたれ、最終的に双方が歩み寄って合意が結ばれる。これが望ましい紛争の終え方だとは思っていないか。そして、和平合意の履行を国際社会が下支えするという一連の流れが、平和構築の一般的なイメージとして共有されている。

ところが、スリランカの場合は、国軍が軍事的勝利を収めるために必要な支援を中国が提供したことで、内戦が終わった。そのため、平和構築を主導する国際社会の間では、スリランカ式の解決は評判がよくない。そこで、本章では、国軍の一方的な勝利が、当事者間の和解にもたらした影響を検討し、スリランカ式解決法は避けるべきなのか否かを考えてみたい。

1 和解の背景

†内戦の概要

スリランカには、多数派（約七割）で仏教徒のシンハラと呼ばれる民族集団と少数派（約二割）でヒンズー教徒のタミルと呼ばれる民族集団がいる。スリランカの全般に関心がある読者は、杉本良男他編『スリランカを知るための58章』（二〇一三）を参照してほしい。

タミルのなかには、ヒンズー教のカースト制を逃れるために、イスラム教徒に改宗した人々もいる。もちろん、それ以外の理由で改宗したタミルもいるだろう。たとえば、私が指導したタミルの学生は、純粋にイスラム教の教えに心を打たれて改宗したという。

タミルには、スリランカ・タミルだけではなく、インドから紅茶のプランテーションの労働者として連れてこられたインド・タミルもいる。このような複雑な背景があるなか、本章で焦点を当てる紛争は、スリランカ政府とスリランカからの分離独立を目指した武装組織タミル・イーラム解放の虎（以下、タミルの虎）との内戦だ。

武力闘争を主導したタミルの虎以外にも、穏健なタミル勢力もいた。しかし、彼らは主流派とはならなかった。多数派が、少数派の穏健な主張に耳を傾けなければ、穏健な主張は支持を失う。穏健な方法で現状が変わらなければ、過激な方法を辞さない勢力が台頭してくる。

スリランカ内戦も、この轍を踏む。多数派の傲慢な姿勢が、タミルの虎によるテロ攻撃を呼ぶ。それによって、スリランカ政府の姿勢が、ますます頑なになる。結局、穏健派の出る幕がなくなってしまう。暴力が暴力を呼ぶ負の連鎖のために、穏健派は、シンハラ側でも、タミル側でも、ついに主導権を握ることはなかった。

スリランカの和解の問題を考えるうえで、単にスリランカ政府とタミルの虎との関係を考えるだけでは不十分だろう。長年の内戦が及ぼした影響は、シンハラ系住民とタミル系住民の間に相互不信と軋轢を引き起こしていた。誤解を恐れずに単純な内戦の構図を描いてみよう。

多数派で仏教徒のシンハラと少数派でヒンズー教徒のタミルとの対立構造が浮かぶ。タミルの虎が結成された背景には、独立後にスリランカ政府が、多数派のシンハラを優遇し、少数派のタミルを差別してきたことがある。スリランカ国軍とタミルの虎の武装闘争が一九八〇年代に本格化する前は、シンハラ系住民とタミル系住民との間で暴力の応酬がなされていた。

†多数派シンハラの驕りと恐れ

大英帝国の植民地だった当時のセイロンでは、分割統治がなされていた。宗主国は、植民地統治を担う官吏として少数派のタミルを重用して、多数派のシンハラを間接的に統治していた。少数派のタミルには、特権が与えられ、優先的に教育の機会も与えられた。

しかし、一九四八年に英国の植民地からセイロンとして独立すると、少数派が多数派を支配した構図が逆転。シンハラ人優遇政策を掲げる勢力が、一九五六年の選挙で圧勝する。それまで被支配者として抑圧されてきたシンハラが、タミルを権力の中枢から排除していく。

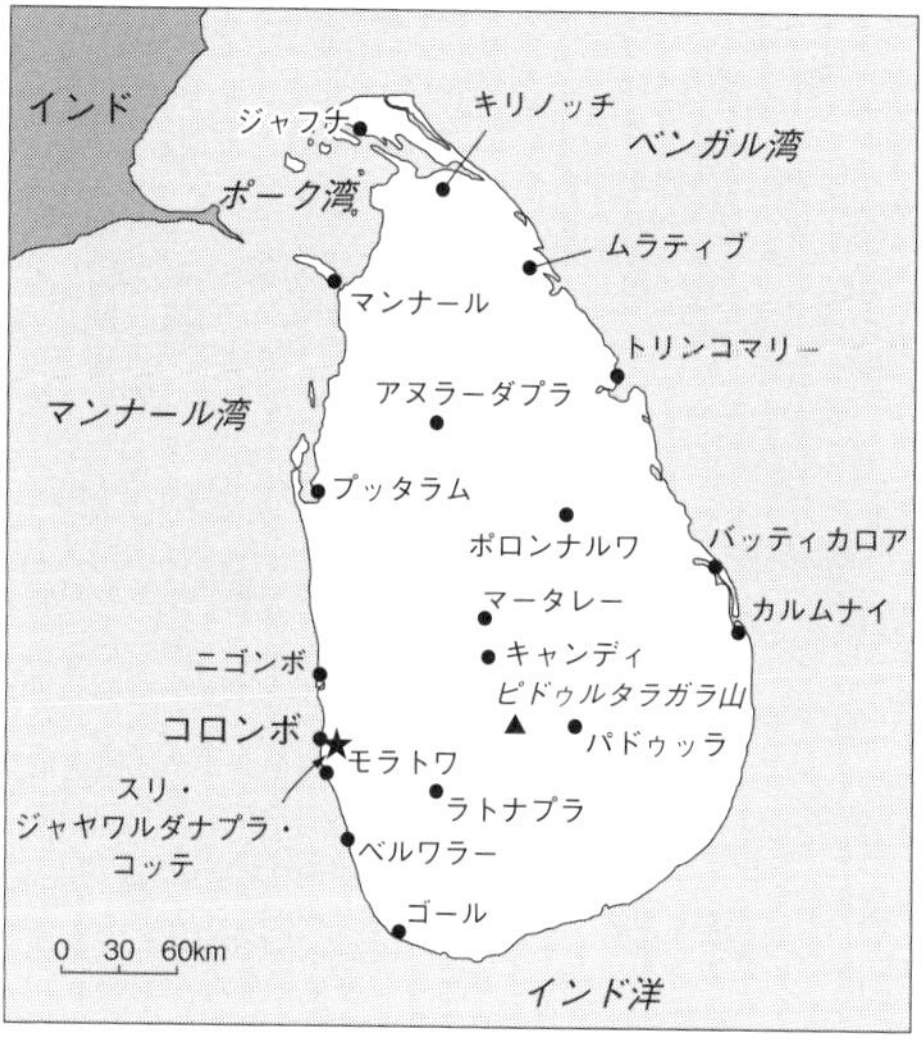

英国統治下の一九四七年に制定された憲法に明記されていた少数派保護条項が、一九七二年の憲法改正により、削除された。シンハラ語を唯一の公用語とし、仏教に対して特別な地位を付与する条項が盛り込まれた（外務省、二〇〇九）。このとき国名も、仏典に起源をもつスリランカに改名した。

スリランカ地図

このようなスリランカ政府の対応は、平和を希求する第三者からすれば、明らかに和解を妨げ、対立を助長する愚策にしか見えない。長年虐げられてきた多数派の憤りや権力を握ったことで生まれた驕りが、和解の心を乱してしまった。多数派や強者の慢心が、和解を遠ざけた。

権利を剝奪されたタミルは反発した。多数のタミルが居住するスリランカ北部と東部では分離独立を希求する勢力が台頭し、一九七二年には、武力解放を目指すタミルの虎が結成される。

スリランカの多数派と少数派の関係をスリランカ国内の閉じた枠内で捉えれば、シンハラが多数派でタミルが少数派になる。しかし、スリランカの隣国には地域大国のインドが君臨する。インドの南部にはタミルが住む。スリランカ国内ではタミルは少数派だが、インドも含めた地域レベルで見ると仏教徒のシンハラが、少数派に転落する。

釈迦の生誕地ルンビニ（現在のネパール南部）から始まった仏教は、東南アジア、東アジア、そして日本にまで伝播した。しかし、お膝元のインドでは、ヒンズー教やイスラム教の影響力が強く、仏教の影は薄い。スリランカが事実上の総本山（起源）となっている。釈迦は生前にスリランカを訪れていたという伝承が残り、釈迦の歯を祀る仏歯寺がスリランカ中央部のキャンディという町に建立されている。

スリランカは、「インドの涙」と呼ばれる。そのことからもわかるように、インド大陸から涙の粒が零れたようにインド洋に浮かぶ。その島に閉じ込められた仏教徒は、インド大陸から押し寄せかねないヒンズー教徒に潜在的に恐怖を感じているのかもしれない。これ以上、南には逃げられない。南に位置する島嶼国モルディブでは、イスラム教が信仰されている。シンハラの潜在意識に宿る被害者意識・脅威認識といっていいのかもしれない。

実際に、インドはスリランカの内戦に介入していく。インド・タミルと呼ばれる人たちが、インドからスリランカに渡ってきた。さらに、紛争が激化した一九八七年にインドは平和維持軍を派遣する。スリランカ政府とタミルの虎との間の仲介を試みたのだ。しかし、インド平和維持軍とタミルの虎が衝突してしまう。一九九〇年には、インドはスリランカから部隊を撤収させる。以後スリランカ内戦に深く関与することを避けてきた。

†和平仲介の失敗

スリランカ政府とタミルの虎との内戦が終結したのは、二〇〇九年だ。これは四半世紀にも及び紛争が続いてきたことを意味する。ノルウェーや日本が、和平交渉によって紛争を解決しようと試みたが、実を結ばなかった。その泥沼化した内戦に終止符を打ったのは、スリランカ国軍による武力制圧だった。ノルウェーにはスリランカから亡命した多数のタミル移民がいる。彼らがノルウェーの対スリランカ政策に強い影響力を及ぼす。このことが災いして、ノルウェー政府による仲介努力は、スリランカ政府の信頼を勝ち取ることはできなかった。

一方、日本政府は、明石康・元国連事務次長を特使に任命して、和平の斡旋を試みる。詳細は、明石康『「独裁者」との交渉術』(二〇一〇)を参照してほしい。ここで押さえておくべきことは、タミルの虎は、スリランカ政府によってテロ組織として位置づけられ、国際社会からも孤立するような四面楚歌の状況に追いやられていたという点だ。

停戦合意は何度も結ばれては破られた。すでに述べたように、国軍の攻撃により、二〇〇九年五月に内戦が終結する。タミルの虎を結成以来率いていたヴェルピライ・プラバカラン司令官を始め、幹部は国軍の攻勢で死亡した。スリランカ政府の完全勝利だった。内戦終結の過程で、タミルの虎は一般市民を道連れにした。彼らを「人間の楯」として用いたのだ。だが、国軍は構わず一般市民もろともタミルの虎の残存兵力を殲滅してしまう。一般市民の巻き添えを覚悟で攻撃を強行した国軍に対し、欧米から非難が集まる。しかし、中国政府の後ろ盾を得たマヒンダ・ラジャパクサ大統領は、強硬姿勢を崩さなかった。

二〇〇四年のスマトラ島沖大地震において、大津波はアチェだけでなく、スリランカも襲う。アチェの場合は、すでに第四章で見てきたように、大津波からの復興を梃子に和平合意に漕ぎ着けた。しかし、スリランカでは、大津波からの復興という経済的な目論見は、和平合意につながらなかった。なぜ、スリランカでは、和平合意に至らず、アチェの場合は和平合意に至ったのか。その理由を和解との関連で考えてみたい。

タミルの虎は、あまりにも多くのテロ行為に手を染めていた。スリランカ政府だけでなく、米国政府やインド政府からもテロ組織指定を受けていた。したがって、たとえ和平合意に至ったとしても、和平実現後に彼らが合法的かつ正当な存在として、スリランカの平和構築や復興に携わる道が見通せない。彼らには、将来への明るい展望がなく、最後には同胞を道連れに破滅の道を選んでしまった。

†和解の地政学

スリランカ内戦を地政学の観点から分析してみよう。日本では、マヒンダ・ラジャパクサ政権を軍事的にも経済的にも支援した中国を批判する材料として、スリランカ式解決法の事例が引用されてきた。ラジャパクサ大統領は、当初はタミルの虎との停戦を模索し、タミル側との和平を試みていた（近藤、二〇一六）。そこで、彼はインドに対し協力を求める。しかし、インドは、過去の仲介の失敗もあり、スリランカ内戦に介入することに対し、消極的な態度を貫く。タミルの虎も強硬姿勢を崩さない。そこで、ラジャパクサ大統領は、タミルの虎との交渉が決裂すると武力解決を決意する。その決意の後ろ盾となったのが中国の支援だ。

スリランカは、インド太平洋の要衝に位置する。しかし、米国はイラクやアフガニスタンでの対応に追われていた。気がつくと中国の影響力がスリランカに浸透していた。このことに危惧を抱いた米国は、遅れ馳せながらラジャパクサ政権に対し軍事支援を申し出る。同政権が中国一辺倒にならないように画策した。後発であるが、軍事支援を提供して、スリランカを中国から引き離そうと試みる。しかし、時すでに遅く、中国はラジャパクサ大統領の懐深くまで食い込んでいた。米国は中国の影響力を削ぐことに失敗してしまう。自らの失敗に気づいた米国は、掌を返すように、ラジャパクサ政権による人権侵害を糾弾。同政権を支えた中国政府を非難し始めた。「人権」という美名に包まれた米国の戦略的打算が透けて見える。

インドも中国の影響力の拡大に懸念を抱き始めた。スリランカ政府に対する自らの影響力を回復したかったインドは、政策転換を余儀なくされる。だが、ラジャパクサ大統領の決意は固い。戦場で雌雄を決することが予測されるなか、インドは、スリランカ国軍によるタミルの虎の掃討作戦を黙認する。さらには、ラジャパクサ政権の人権侵害を非難する欧米諸国を牽制するなど、スリランカ政府を陰で支えた。

中国、インド、米国といったスリランカを取り巻く大国の思惑や国際政治が、内戦の終結に大きな影響を及ぼした。この関係性は、和解の過程でも残存する。たとえば、欧米諸国の圧力を受けて、スリランカ内戦下の人権侵害に対して、国連は報告書を取りまとめた。過去の教訓・和解委員会（LLRC）をスリランカ政府が立ち上げて調査をしていたにもかかわらず、その結果を待つことなく、国連は独自の調査に基づき、同委員会を批判した（近藤、二〇一六）。

2 和解の旅

†日本の仲介努力の特徴

私とスリランカとの接点は、米国留学を通じて親友になったキーサポンカラン（以下、キーサと呼ぶ）。タミルの彼は、キリスト教徒（カトリック）。彼のように少数派のなかの少数派がいることは、忘れてはならない。

キーサと初めて会った日のことは今でも鮮明に覚えている。キーサの実家と学校との間には川があり、毎日のように川底を歩いて通学していたという。

「内戦中は頭上を銃弾が飛び交うこともあったけれど、日本の援助で、その川に橋がかかってからは通学が楽になった。だから日本人には感謝しているよ」

日本・スリランカ友好橋と名づけられた橋のお陰で、初対面の私に好印象を抱いてくれた。

キーサに欧米諸国や国連と違う日本の仲介努力の特徴はないか尋ねた。当時のキーサはコロンボ大学の国際関係学部の学部長。スリランカの有識者のなかでも一目を置かれる存在だ。当然、スリランカ和平に関わろうとした第三者たちは、キーサの意見を求めてきたという。

礼儀知らずな欧米諸国の大使は、先方の用事にもかかわらず、各国の大使館までキーサを呼びつけた。一方、日本の明石代表だけは、自ら大学のオフィスに足を運び、キーサの意見を求めたという。

「明石氏の振る舞いは人間としてまっとうだよ。欧米諸国の大使は、最低限のマナーもわきまえていない。これが最大の違いかな。あとは同じだった。私を貴重な情報源としか見ていなかった。質問はされたけれど、彼らの取り組みに関する意思決定に加えてもらえなかった。一緒に取り組もうという姿勢が欠けていた。それだけではない。私の意見が日本の活動に、どう反映されたのか、説明に来たことは一度もなかった」

これは、私にとっても耳の痛い発言だ。研究者として、あるいはNGOの職員として、これまで取材を通じて情報収集に努めてきた。より正確かつ多角的に現地の情勢把握を試み、できるだけ現地に寄り添う意思決定をしたかったからだ。

しかし、論文執筆や意思決定に、「情報源」の人たちを加えることはしてこなかった。キーサの心情の吐露を受け、東ティモールで支援活動を企画したときには、現地の「情報源」をパートナーと位置づけた。彼らとともに、情勢分析、事業計画の立案、事業実施を進めた。また、現地の「情報源」となってくれていた人々と共同で書籍を制作することも試みた。

†和解を阻む要因

私がスリランカを訪問したのは、内戦の終結から五年が経った二〇一四年。第五章で見た東ティモールでは、受容・真実・和解委員会が国際社会の支援によって推進されていた。スリランカでは、政府の抵抗（あるいは無関心）で、終戦から五年が過ぎていたにもかかわらず、和解に向けた取り組みは進展していなかった。

そこで、和解を阻む要因を探るために、タミルが多く住むスリランカ北部と東部を取材することにした。現地調査では、私の指導下で博士号を取得したスリランカ人研究者に協力してもらう。彼女は、スリランカ内戦終結後に提出された過去の教訓・和解委員会の勧告に焦点を当てて博士論文を書き上げている。彼女の兄は、他のタミル系エリートの多くと同様に、海外で就職し、首都コロンボで暮らす母親に仕送りをしていた。

まず、彼女とともに、過去の教訓・和解委員会の勧告がスリランカ政府に無視されてきた背景を探る。スリランカ政府は、次のように主張していた。

「タミルの虎はテロ組織です。その活動に加担したタミルは和解の対象ではありません。更生の対象なのです。そもそも、彼らは一般タミル系住民を代表していたわけでもありません」

タミルからも「必要なのは和解ではなく、復興である」という意見が聞かれた。

欧米諸国が、人権侵害や戦争犯罪に対する正義の実現を追求したのに対し、スリランカ政府やタミル系住民の意向は、正義の追求よりも復興を優先させることにあった。そして、そのような現地の考えは、中国、インド、日本などの地域大国によって支持・支援されていた。ただし、欧米諸国が焚きつけたことで、タミルのなかに正義を主張する勢力が生まれたのだという。

†タミル・エリートの本音

次に、北部の街、ジャフナのタミル社会を訪問した。彼らは、中流から上流階級に位置する。綺麗な邸宅に住んでいた。彼らは、タミル系住民だったが、紛争によって避難や立ち退きを強いられなかったようだ。

敗戦という形で内戦が終結したことに対して、どのような感想を抱いているか聞いてみた。彼らの多くは、「他に選択肢はない」「肩身の狭い思いを強いられる」「少数派の意見は聞き入れられないだろう」といった意見を吐露した。

多数派による圧政を経験した場合に、次も武器を手にとって戦うのかと問う。

「もはや、そうした能力はありません。再起しようとしたら何十年もかかってしまうでしょう。私たちは、前回の武力闘争の失敗から学ばなくてはなりません」

そのなかで、次の返答が最も印象に残っている。

「敗戦によって政府に対して抗議できる環境ではなくなり、将来に対する不安は残ります。もちろん、不安や不満は残りますが、政府に対して武装蜂起をするつもりはありません。ようやく戦争が終わったのです。今は、平穏な日常を取り戻すことに専念したいと思います」

このような複雑な気持ちを抱えつつも、少なくとも内戦が終結したことを歓迎していた。そういう印象を、タミル系有識者に対する取材から得た。私が取材した人たちは、比較的裕福な家庭の出身者が多い。家族の誰かが英国や米国などに移住したり、留学したりしていた。

†内戦の犠牲者たちの声

次に、紛争によって家を失ったタミル系住民を訪ねた。彼らはスリランカ政府が用意した避難民の再定住施設に暮らす。この施設は、北部の街、ジャフナに建設されていた。難民キャンプでイメージするようなテントやプレハブの仮住まいではない。

「私たちの土地は国軍に接収されました。現在は立ち入ることができません」

避難民の一人が教えてくれた。立ち退きの理由は「不発弾や地雷があって危険」ということらしい。ただし、その真相は明らかではない。

「豊かな土地や地価の高い場所は国軍が接収してしまったのです。これは私たちタミルを追い出す政策です」

国軍に接収されたタミル系住民の土地（看板には地雷除去作業中と書いてある）。

スリランカ政府によって更地にされたタミルの虎の戦士が眠る英雄墓地跡。

ある避難民は私に訴える。

実際に、政府の施策で、他の地方からシンハラ人たちが入植してきているようだった。また、至る所に、地雷埋設の警告標識が設置されていた。タミルの虎が埋設した地雷もあるようだ。しかし、住民のなかには、次にように言い切る者もいた。

「国軍が土地を接収して標識を設置していったのです。標識は人々を立ち入らせないための方便で、地雷なんてありません」

タミルの虎が造営していた「英雄墓地」にブルドーザーが入り、更地に整地されていく。タミルの虎の痕跡を消すことが、和解への近道だと考えているようだ。さらには、ヒンズー教寺院の隣に新たに仏教寺院が建設されていた。政府が主導しているのか、新たに入植してきたシンハラ系住民の寄進によるのかは不明だった。そこでは、ナーガラージャ（蛇神）などヒンズ

UNHCRの天幕を屋根にした避難民施設。

ー教と仏教の共通項が際立つ。ヒンズー教徒と仏教徒の和解の象徴として、意図的に隣同士に建立されていると仏教徒は語っていた。

その足で別の避難民再定住施設も訪問する。インド政府の支援で建設された立派な一軒家がズラリと並ぶ。避難民用施設と書かれた看板がなければ、新興住宅地だと間違えただろう。

庭先で食事の用意をしている女性を見かけたので、声をかけてみた。自分の土地から立ち退きを強いられたが、インド政府から提供された新居に暮らしているのだという。

「新しい家に満足しています。インド政府には感謝しています。見てください。玄関だけでなく、勝手口まで、ちゃんとあります」

スリランカ政府が建設した家よりも、インド政府が建設した家のほうが、土地や居住空間も広く、設備も充実しているのだと上機嫌で家の中を案内してくれた。家族に男性はおらず、女性三人（本人、母親、祖母）で暮らす。和解について尋ねると、この家族にとっては、「和解よりも、明日の生活の方が重要です」という答えが返ってきた。

別の避難民の一家は、国連難民高等弁務官事務所（UNHCR）のロゴが入った天幕で、生活をしていた。父親はおらず、母親が三名の子どもと暮らす。

同じタミル系避難民でも、再定住施設に暮らす人々と、テント生活を強いられている人々の、境遇の違いに驚く。誰が、どの施設をあてがわれるのか。抽選なのだろうか。どのような選考過程を経ているのか、興味深い。政府に住む場所を指示されたという避難民もいた。だが、テント生活をしていた一家は、政府からは何の連絡もない、といっていた。

†敗者となったタミルの虎たち

避難民の多くは「紛争の犠牲者」だ。しかし、彼らの口からは、穏やかな意見しか耳にすることができなかった。血気盛んな若者から過激な思想に染まった話を聞くことは、ついになかった。そこで、タミルの虎の元兵士たちの意見を聞くことにした。スリランカ政府による掃討作戦によって、タミルの虎の幹部は殺害された。他方、一般戦闘員は「元テロリスト」として更生施設に送られ、「リハビリ」を受けていた。

私が現地を訪問したときは、内戦終結からすでに五年が過ぎていた。しかし、彼らの一部は拘束されたままだった。「更生施設内では、元戦闘員たちの再教育がなされているが、彼らの人権が蔑ろにされている」という噂を耳にする。そこで、更生施設の視察やリハビリ中の元戦闘員への取材を希望した。しかし、スリランカ当局からは許可が下りなかった。更生施設内の売店では、収容されている人々が職業訓練中に製作したとされるカゴや帽子が販売されていた。

そこで、更生施設から解放されたタミルの虎の元戦闘員や元協力者が商店を営む地域に足を踏み入れることにした。雑貨や果物を売る店が軒を連ねる。いきなり、取材させてほしいと話を切り出すのは憚られた。そこで商品を買い求めながら、雑談を交わそうと試みる。

しかし、総じて彼らの反応は鈍い。内戦や更生施設でのできごとを聞いても口をつぐむ。「その話はしたくない」という拒絶の意思表示が返ってくるだけだった。彼らにとって、日々の生活が大事だ、ということが伝わってきた。

店から出たところで、私の通訳兼ガイドが、軍人に呼び止められた。元戦闘員に更生施設のことを質問したりしたことが、まずかったのか、不安がよぎる。

ガイドが軍人に紙幣を手渡す。軍人に強請られたのではないかと思い、彼女に問う。すると、拍子抜けする答えが戻ってきた。何と、その軍人は、宝くじを売っていたのだ。彼女は購入した宝くじを見せてくれた。軍人が軍服を着て勤務中にバイトをしているのかと驚く。

†タミルの虎の元幹部の証言

スリランカ取材のハイライトは、タミルの虎の元幹部クマーラン・パドゥマナーダン（通称、KP）への取材。彼は、内戦中に犯した武器の密輸などの容疑により、インターポール（国際刑事警察機構）から指名手配をされている。インド政府からは、ラジブ・ガンジー首相の暗殺容疑で指名手配を受けていた。タミルの虎の創設者であるプラバカラン司令官が殺害された後、KPがタミルの虎の指導権を引き継いだとされる。

KPを取材するため北部の激戦地だったキリノッチを訪れた。彼は、マレーシアに潜伏中にマレーシア当局に逮捕され、スリランカ当局に引き渡されたそうだ。

マヒンダ・ラジャパクサ大統領（当時）の実弟で、タミルの虎の掃討作戦を指揮したゴタバヤ・ラジャパクサ国防次官（当時）との面談によって「恩赦」が与えられる。当局による二年間ほどの拘束と取り調べを受けたのちに、彼は「釈放」されたという。本人は拷問は受けなかったというが、真実はわからない。

「釈放」後も、KPはスリランカ当局の監視下に置かれた。私が彼を訪ねたときも軟禁状態だった。慈善事業として紛争遺児のための孤児院を運営しているという。敷地の周囲には、複数の私服警官が目を光らせていた。だが、彼らが敷地内に入ってくることはない。私の取材を邪魔することもなかった。

ＫＰは戦争をしたことを後悔していると語った。

「戦争は、多くの命を奪いました。子どもたちは教育の機会や肉親を奪われました」

彼自身は、罪の意識を感じていると吐露する一方で、すべての責任をプラバカラン司令官に負わせようとしているのではないか、とも感じた。

「司令官は厳しい指導者で絶対的な存在でした。彼に逆らうことはできなかったのです。私は和平の実現に向けて努力したつもりです。でも彼はついに首を縦に振らなかった」

プラバカラン司令官の死後に、なぜタミルの虎の指導者となったのか、ＫＰに尋ねた。

「そのときは、すでに敗色が濃厚でした。これまで命を捧げてくれた戦闘員たちのために、スリランカ政府と交渉しようと思っただけです。司令官の遺志を継いで戦闘を継続するためではありません。自分が武装闘争に加わったときは若かった。だから、スリランカの若者たちに伝えたい。武力闘争からは、何も得られる

タミルの虎の元幹部KP。

ものはない。シンハラ、タミル、イスラム教徒で、違いは、もちろんあります。しかし、将来のために、違いを乗り越えて、仲良くやっていくしか道はないのです」

孤児院では、子どもたちと昼食をとる機会を得た。子どもたちは、KPを慕っているようだ。彼に対して敬意を示している様子が見てとれた。孤児院の運営は寄付金に頼っているそうだ。十分な資金が、海外在住のタミル系ディアスポラ（移民）から集まるのだという。

この孤児院から外に出る自由があるのか、KPに聞いてみた。すると、門の外に立つ私服警官に目を移し、「この状況から察することができるでしょう」と表情が陰った。それまでは、明るく雄弁だったKPが、急に口を閉ざしてしまう。取材は終了となった。

コラム8　コロンボの市場で

タミル系住民は、スリランカの北部と東部に多く居住する。茶葉のプランテーションがある中央の高地には、インドから労働力として連れてこられたタミル系住民がいる。そして、コロンボでもタミル系住民を見かけることができる。

タミル系のガイドに、コロンボの街を案内してもらう。彼女の母親がスリランカ料理を振る舞ってくれるというので、食材の買い出しに市場に繰り出す。

タミル系は、シンハラ語、英語、タミル語を自由に操る。ところが、シンハラ系住民は、タミル語を理解できない。私にとっては、見た目では、シンハラ系なのかタミル系なのか判別できない。しかし、暗黙の境界があるのだろう。

ガイドは、店によって言語を使い分けていた。新鮮な野菜を求めて、野菜市場に向かう。そこでは、シンハラ系の店が多い。シンハラ語でやりとりがなされた。次に向かった魚屋では、タミル語が飛び交う。

魚のカレーを作ってくれるそうだ。スリランカの家庭料理は、どれもスパイスが効く。辛さの後に滲み出てくる濃厚な味を楽しむ。ココナッツミルクが入ったものと、入っていないものとに大別できるらしい。

ガイドの家では、家庭の味として、独自の好みに調合したスパイスを用いていた。その香りは、インドカレーとは違う。家庭の味を持ち帰りたいと思い、スパイス工場を訪れた。いくつもの種類のスパイスのなかから、お好みのスパイスをお好みの分量で指定する。すべてをミキサーにかけて粉末にして、袋に詰めてくれた。

一つ残念だったのは、「カレーリーフ（葉）」を持ち帰れなかったこと。スリランカ料理の味の決め手（だと私は勝手に思っている）となるカレーリーフは、生でなくてはならず、長期保存ができない。これをカレーに入れると、独特の香りと後味がする。虜になると病みつきになる味、とでも表現したらよいか。

3 和解の景色

†スリランカ式解決法

スリランカの内戦終結で見られた強硬路線を、紛争解決学では「スリランカ式解決法」と呼ぶ。紛争解決学の分野では、和平交渉によって紛争当事者に武力闘争を断念させ、和平合意後は権力共有や民主的な権力闘争に転化させる解決策が一般的には推奨されてきた。そして、国際社会は第三者として、和平交渉の仲介を中立的な立場から推進する。しかし、そのような解決策は、時間がかかる。

さらには、和平合意後の権力共有の過程には、民主的選挙という競争原理が内包される。そのため、協力よりも対立が尖鋭化しやすい。よって、紛争後の社会は不安定となり、武力闘争に逆戻りしてしまう可能性が高い。このことを、紛争解決学では「国家建設のジレンマ」として議論してきた（上杉・青井、二〇〇八）。

他方で、紛争当事者の一方が完全勝利を収めた場合は、競争相手が消滅や無力化される。そのため、戦後は安定し、「平和」は長続きする。紛争当事者の一方が完全勝利を収めるための支援を国際社会がすれば、紛争は短期に終結し、紛争によって傷つく人は減る。

米国が原爆投下を正当化した論理と似ていないか。弱者に支援を差し伸べることは紛争を長引かせる。紛争の早期終結を図るためには逆効果だ。ロシアのウクライナ侵攻をめぐる国際社会の対応が、そのことを如実に示す。劣勢にあったウクライナを助けるために、欧米諸国が武器支援を試み、ロシアを牽制するために制裁を科す。しかし、この欧米諸国の対応は、紛争を長期化させ、より多くの人が紛争の犠牲になることを間接的に助長する。多くの人々の尊い命が奪われるかもしれないが、不当な暴力に対して、抵抗を示さなければ、国際秩序や法の支配が崩れる。長期的には不安定な世の中となってしまう。この論理が、劣勢にあったウクライナ支援を正当化する根拠となっている。

スリランカ式解決法は、その正反対の論理に立脚する。優勢にある側を支援することで、戦場における勝敗を短期間につけ、劣勢側に降伏を強いる弱肉強食の方法論だ。

ただし、弱者が降伏したからといって、平穏を取り戻すことができるとは限らない。スリランカ当局はタミルの虎の協力者や支持者を不当に拘束し、抑留した。人権団体のヒューマン・ライツ・ウォッチ（二〇一三）は、紛争終結後も続く暴力を告発してきた。

この点について、私の友人のキーサに聞いてみた。彼は、スリランカ社会においてタミルとしては異例の出世を重ねた。内戦終結当時はコロンボ大学の国際関係学部の学部長の重責を担っていた。しかし、内戦終結に直面し、自らのキャリアや家族の将来のことを考え、米国に移住することを決意する。

キーサは暴力による紛争解決には反対の立場だった。同時に多数派による少数派の抑圧に対しても「搾取の構図」と呼んで忌み嫌っていた。大学教授であり、スリランカの英字新聞のコラムを担当するオピニオンリーダーでもあったキーサは、タミルの虎の完全敗北を受けて、タミルは口を閉ざすことを強いられるのではないか、と恐れたという。「もはやタミルである私にとって、スリランカに将来はない」と彼は私に語った。

ところが、海外に移住するといった選択肢を持たない一般の人々にとって、自らの境遇に悲観する余裕はないのかもしれない。スリランカに住むタミル系住民の多くは、正義という抽象的なもののために、命を捧げることの不条理さを身に染みて感じていた。完全敗北だったゆえに、再起して怨恨を晴らすというよりは、復興を目指すという心理状態になれたのだと思う。第二次世界大戦の終結において無条件降伏を強いられた日本国民が、復讐を誓うのではなく復興を目指したように。

スリランカの場合、和解は加害者からも被害者からも求められなかった。敗者は更生を強いられ、二度と勝者に牙を向かないように去勢された。敗者は敗北を抱きしめ、日常を取り戻すことに精一杯だった。他方で、将来への希望を失ったタミル系エリートたちは、海外の新天地へと飛び立っていく。どんな形であれ、内戦が終結したことは、人々にとっては朗報だった。KPが訴えたように、どんな場合でも戦争によって得られるものはない。

「実るほど頭を垂れる稲穂かな」

強者は慢心に陥らないように慎み深く弱者を思いやる。弱者は立場をわきまえて復讐心を燃やさない。これが和解の秘訣なのだろう。

†炭鉱のカナリア

かつて、炭鉱で作業する坑夫たちは、坑内に入るとき、カナリアを連れて行ったそうだ。有毒ガスが発生していた場合、人間よりも弱いカナリアが先に倒れる。つまり、カナリアの死を危険信号として認識し、それを合図に坑夫が避難するのだ。

炭鉱のカナリア。この言葉を私は大学時代に恩師から教えてもらった。

「カナリアにとって苦しい環境は、いずれ人間にとっても苦しい環境となります。炭鉱のカナリアとは、人間社会における少数派や社会的弱者のこと。彼らが幸せでない社会は、多数派にとっても幸せな社会だとはいえません。少数派や社会的弱者が満足できる社会こそが、多数派が目指すべき理想の社会なのです」

この言葉が、紛争解決、平和構築、そして和解の鍵を握るのだと私は確信している。そうでなければ、たとえ民主制を導入したとしても、多数派による圧政になってしまうだろう。

スリランカの場合、タミルが「炭鉱のカナリア」なのだ。しかし、多数派は、カナリアの死を無駄にしてしまう。このことは、最大多数の最大幸福を追求する民主制が、多数派による少数派の抑圧を生む基盤となりうることを示唆する。

紛争地を歩く知恵6 テロリストと闘うな交渉せよ

和平を試みるうえでの障害に、どのように交渉を始めるのかという難題がある。敵対する勢力と交渉すること自体、違法行為であることが多い。政府側が相手をテロリストと指定した場合は、テロリストと接触すること自体が、犯罪となりかねない。

たとえば、中東和平において、イスラエルではテロ組織とされてきたパレスチナ解放機構（PLO）と接触するだけで、イスラエルの法律に抵触することになり、イスラエル当局に逮捕されてしまう恐れがあった。

この法的な問題に加え、敵と話をすることは利敵行為と見做されたり、弱みを見せたと誤解されたりする。仲間から後ろ指をさされかねない。米国同時多発テロ（9・11）直後に、米国政府が、アルカイダやタリバンとの和解を試みることは難しかった。米国民は怒り、恐怖心を煽られた。くわえて、米国政府は、「テロとの闘い」を宣言した以上、テロの危険性がなくなるまで、戦い続けなくてはならなくなった。

戦争に突き進むためには、国民を煽動しなくてはならない。米国政府は、テロリストに対する敵意を煽り、テロに対する恐怖心を植えつけた。そして、マスコミによって繰り返される報道は、国民の脅威認識に拍車をかける。テロに巻き込まれる可能性は、雷に打たれる確率よりも、統計的には低かったにもかかわらず、人々はテロを恐れた。

しかし、そのことがブーメランのように跳ね返ってくる。「テロとの闘い」を止められなくなってしまったのだ。実際に、米国のアフガニスタン侵攻は二十年間続き、「史上最長の戦争」と呼ばれた。

第七章

ボスニア・ヘルツェゴビナ

――民族という火種は消せるのか

ボスニア・ヘルツェゴビナ内戦の犠牲者が眠るサラエボ市内の墓地。
剣山のような白い杭が墓標となっている。

本章では、ボスニア・ヘルツェゴビナの内戦を扱う。もともとボスニア・ヘルツェゴビナはユーゴスラビア連邦の一部を構成する一つの共和国だった。その連邦が崩壊する過程で、いくつかの内戦が勃発した。ボスニア・ヘルツェゴビナ内戦は、その一つだ。この内戦は、民族の違いが紛争の火種となった。

内戦を引き起こした民族という概念は捉えやすいようで、捉えどころがない。そもそも、民族という概念は、主観的な枠組みだ。ベネディクト・アンダーソン（二〇〇七）は「想像の共同体」と呼ぶ。

本章では、紛争の火種となった民族の違いが、内戦終結後の和解に、どのような影響を及ぼすのかを考察していく。隣人同士が血で血を洗うような殺しあいを経験した後で和解が実現できるのか、考えていく。

同時に第三者による力ずくの平和強制にも光を当て、そのような試みが当事者の和解に及ぼした影響についても議論していく。

1　和解の背景

†多民族国家ユーゴスラビア連邦

ユーゴスラビアは「七つの国境、六つの共和国、五つの民族、四つの言語、三つの宗教、二つの文字、一つの国家」として知られる。そのモザイク国家が、冷戦の終焉とともに分裂していく。それが、ユーゴスラビア内戦の発端だ。まず、一九九一年にスロベニアがユーゴスラビア連邦軍との戦火を交えずに連邦を離脱。クロアチアとマケドニアもスロベニアに続く。そして、分離独立を目指す勢力と、それを阻もうとする勢力との間で内戦が始まってしまう。

内戦によってユーゴスラビア連邦は解体した。スロベニア、クロアチア、ボスニア・ヘルツェゴビナ、マケドニア（現在の北マケドニア）が独立を果たす。残されたセルビアとモンテネグロが新たな連邦を形成した。その後、モンテネグロも独立した。現在では六つの国家に分裂している。セルビアでは自治州だったコソボが独立を目指して戦い、今では事実上の独立国となっている（国連加盟国の過半数が承認）。

かつてユーゴスラビア連邦を統治したチトー大統領は、ユーゴスラビア人という新しいアイデンティティを生み出そうと試みた。しかし、その試みは道半ばで頓挫した。共通のアイデンティティを形成する試みは、民族主義的な動きにかき消されてしまったのだ。内戦の温床となり、内戦を激化させる起爆剤にもなった民族主義は、内戦後の和解の過程においても、大きく立ちはだかり、和解を阻む。

本章で焦点を当てるボスニア・ヘルツェゴビナは、北部のボスニアと南部のヘルツェゴビナとに分けられる。内戦を経てセルビア人勢力がスルプスカ共和国をボスニア・ヘルツェゴビナ共和国内に樹立した。そのため、現在では、ボスニア・ヘルツェゴビナのなかにスルプスカが内包された連邦制を敷く。つまり、民族の融合ではなく民族の違いを尊重し、一つ屋根の下に、それぞれが個室に分かれて居住する道を選ぶ。

†内戦の概要

旧ユーゴスラビアの解体に伴う内戦で、最も熾烈だったのがボスニア・ヘルツェゴビナ内戦だ。セルビア人、クロアチア人、ボスニア人が混在していたボスニア・ヘルツェゴビナは、三つ巴の内戦となる。セルビア人は、ユーゴスラビア連邦にとどまれば多数派。他の二者は、分裂すれば、少数派の立場から多数派に転じる。クロアチア人は、旧ユーゴスラビア崩壊の過程で独立したクロアチアと一緒になれば、自分の民族による国家の一員となれる。ボスニア人は、ボスニア・ヘルツェゴビナが独立すれば、民族自決が達成できる。

　セルビア人はセルビア正教徒、クロアチア人はカトリック教徒、ボスニア人はイスラム教徒に大まかに分けられる。首都サラエボでは、教会やモスクが混在していた。

ボスニア・ヘルツェゴビナ地図

　ボスニア・ヘルツェゴビナの内戦は、一九九二年にボスニア・ヘルツェゴビナが独立を宣言したことで始まる。互いに連邦からの分離独立を目指した多数派のボスニア系住民と少数派のクロアチア系住民とが手を結ぶ。彼ら独立派は、独立に反対したセルビア系住民に対して共闘した場面もあった。同時にボスニア・ヘルツェゴビナ内での勢力争いのため、クロアチア人勢力とボスニア人勢力との間でも激しい戦闘が交わされた。

　内戦が激化する過程で、各民族集団は、それぞれの自集団の結束を固めていく。

それぞれが、自分たちの支配領域を拡大することを目指し、自分の勢力圏から他民族を追い出そうと試みた。これを「民族浄化」と呼ぶ。そして、民族浄化が推し進められるなか、一般市民を巻き込んだ戦闘が激化していく。民族の境界を前線として一進一退の攻防が繰り広げられる。まさに民族の違いが内戦の主な要因となっていたのだ。

首都サラエボでは、通り過ぎようとする一般市民が狙撃兵によって銃撃された。そこはスナイパー通りと呼ばれた。障害物に身を隠し銃弾を避けながら通りを渡ろうとする一般市民の映像が世界を駆け巡る。

事態の悪化を前に、国連は国連保護軍（UNPROFOR）と呼ばれる国連PKOを派遣した。人道支援物資の輸送支援などが、その任務として与えられた。

サラエボは、第一次世界大戦の発端を作った歴史的な因縁のある場所だ。国連、北大西洋条約機構（NATO）、欧州連合（EU）が協力して紛争の拡大を防ごうとした。国際社会による人道的介入が試みられ、平和強制によって紛争が終結を迎える。紛争後には旧ユーゴスラビア国際戦犯法廷が設けられ、正義の追求にも国際社会は大きく関わった。

なお、旧ユーゴスラビア内戦については、ジャーナリストの千田善（ちだぜん）による『ユーゴ紛争』（一九九三）や柴宜弘（しばのぶひろ）『ユーゴスラヴィア現代史』（二〇二一）、長有紀枝（おさゆきえ）編『スレブレニツァ・ジェノサイド』（二〇二〇）、久保慶一『争われる正義』（二〇一九）が参考になる。内戦時に暗躍した広告代理店に注目した高木徹『ドキュメント　戦争広告代理店　情報操作とボスニア紛争』（二〇〇五）は、フェイクニュースの先駆けとなった事例が学べる。

†スレブレニツァの虐殺

ボスニア・ヘルツェゴビナ東部のスレブレニツァでは、一般市民に対する大虐殺が発生した。内戦時に甚大な人権侵害がなされた場所として記憶されているところだ。国連は国連保護軍を展開して「安全地帯」を設けた。戦火を逃れる一般市民に対して保護を提供するのが目的だ。事態が緊迫化するなかで、スレブレニツァも国連安全地帯に指定された。国連保護軍が派遣され、避難のために集まっていた無辜の市民を守ることが期待された。

ところが、スレブレニツァを包囲したセルビア人勢力は、国連保護軍を強迫して彼らを撤退に追い込む。国連保護軍を追い払ったセルビア人勢力は、攻勢をかけ、そこに避難していた人々を惨殺する。この事件で行方不明者を含めて八千名あまりのボスニア人が殺害された。

スレブレニツァの虐殺のように民族浄化を進めるために敵対勢力の住民を殺害する場合もあれば、殺害することなく敵対勢力の住民を追い出すことも企てられた。その典型の一つが、レイプなどの性的暴力を用いた民族浄化だ。レイプの噂を広めることで、一発の銃弾も撃つことなく、民族浄化が進められた。見せしめのレイプをすることで、身の危険を感じた人々は、自分の足で故郷を去っていく。この内戦では、集団レイプが戦術として用いられた。

†デイトン和平プロセス

ボスニア・ヘルツェゴビナ内戦の和平交渉には、セルビア大統領スロボダン・ミロシェヴィッチ、クロアチア大統領フラニョ・トゥジマン、ボスニア・ヘルツェゴビナ大統領アリヤ・イゼトベゴヴィッチらが集まった。紛争当事者のセルビア人勢力やクロアチア人勢力の代表は出席しなかった。代わりに、それぞれの後ろ盾となっていたセルビアとクロアチアの各大統領が彼らを代弁した。仲介役は米国が買って出た。EUとロシアも共同議長を担う。

内戦勃発から三年半が過ぎた一九九五年十一月に米国オハイオ州デイトンにおいて、和平合意が結ばれる。その内容は、内戦によって生まれた民族の分断線を追認するものであった。ボスニア人とクロアチア人によって構成されるボスニア・ヘルツェゴビナ連邦が国土の五一％を占める。残りの四九％はセルビア人が支配するスルプスカ共和国となった。二人三脚の様相を呈してはいるが、各領域は独自の軍隊や財源をもつ。国家運営では、三民族の利害の均衡が重視される。各民族の死活的な利益を害する決定には、拒否権が行使できる仕組みが作られた。三民族の和解ではなく、三民族の利害対立を調整する政治システムを生み出したのが、デイトン和平合意だ。

和平合意を維持するために、NATOが主導する和平履行部隊（IFOR）が派遣された。IFORは国連保護軍が担ってきた任務も引き継ぐ。和平合意の履行監視で国連が担った役割は、国際警察の派遣などに限定された。代わりに上級代表事務所が設置され、和平合意の履行に責任もつ。欧州安全保障協力機構（OSCE）も人権分野や選挙の実施などを担当した。

†旧ユーゴスラビア国際戦犯法廷

旧ユーゴスラビアにおける和解の象徴的な取り組みとして、旧ユーゴスラビア国際戦犯法廷を紹介しよう。この裁判所は、ボスニア・ヘルツェゴビナ内戦だけでなく旧ユーゴスラビア全域における内戦中になされた国際人道法違反を裁くために設置された。国際人道法とは、簡単に言ってしまえば、戦争のルールを定めた国際法だ。たとえば、戦時下における非戦闘員の保護などが含まれる。旧ユーゴスラビア国際戦犯法廷では、民族浄化や集団レイプといった違法行為が「人道に対する罪」として裁判の対象となった。

同法廷が審理した容疑者には、各民族集団の政治・軍事指導者たちが含まれていた。合計で一六一名が裁かれた。これにより応報的正義が実現されたことになる。民族間の和解に資することとなった。スレブレニツァの虐殺で大きな役割を果たした元スルプスカ共和国軍司令官のラトコ・ムラディッチは終身刑を言い渡された。

2 和解の旅

†サラエボを目指す車旅

旧ユーゴスラビア連邦が内戦に陥る前に同地を訪問したことはない。最初に旧ユーゴスラビアを訪れたのは、内戦勃発から五年が過ぎた一九九六年の夏休み。デイトン和平合意から半年余りが過ぎていたが、いまだに硝煙が燻るような状況だったことを今でも覚えている。

オーストリアで夏季集中講義に参加していたときのこと。ゲスト講師だった国連難民高等弁務官事務所（UNHCR）の職員を頼って、ボスニア・ヘルツェゴビナの首都サラエボを目指す。パキスタン人、スウェーデン人、デンマーク人の学友とともに、オーストリアでレンタカーを借りた。一路サラエボへ向かう。

オーストリア・ハンガリー国境では、米国の歌手ビリー・ジョエルのHonestyがスピーカーから聞こえてきた。東側諸国のハンガリーにおいても米国の音楽が聴けるのだ。しかも入国管理官が業務中に聞いているのを目の当たりにして、勝手に冷戦の崩壊を実感した。

私たち一行は、パキスタン人のイルファンが外交官だったため、入国に手間取った（私を含め彼以外の三名の一般人は査証もいらず入国できた）。

「外交特権で査証は不要なはずだ」

イルファンは主張したが、入国管理官は折れない。結局、その場で査証を「購入」して入国する。

当時はナビがない。何度も道に迷う。路上で道を聞く。どのハンガリー人も流暢な英語で丁寧に教えてくれた。ハンガリー動乱後はソ連の締めつけが厳しかったのではないかと思っていたが、英語教育は充実していたに違いない。ハンガリーではグヤーシュというシチューに舌鼓を打つ。籠いっぱいのさくらんぼを少女から購入した。それが一ドル未満だったので驚く。

道中、さくらんぼをつまみながら、ハンガリーからスロベニアに入る。旧ユーゴスラビア連邦の一共和国だったスロベニアは、連邦からいち早く抜け出す。スロベニアの独立宣言は、連邦崩壊と内戦勃発のきっかけとなったものの、スロベニアは無血で独立を果たした。そのため、美しいヨーロッパの街並みが砲弾で破壊されることはなかった。

ところが、スロベニアとともに独立宣言をしたクロアチアとボスニア・ヘルツェゴビナでは、そういうわけにはいかなかった。連邦軍が介入して、内戦の主戦場と化す。人口の大多数をスロベニア人が占めていたスロベニアとは対照的に、セルビア人、クロアチア人、ボスニア人が混在していたボスニア・ヘルツェゴビナは激戦地となる。銃弾や砲弾で穴だらけとなった建物が至る所にある。

ハンガリーとクロアチアに挟まれたスロベニアの街を通過したのは日曜日だった。そのため、街は閑散とし、まったく店が開いていない。ホテルの一階のカフェが空いていたので、コーヒーを注文する。濃いエスプレッソが出てきた。こちらでコーヒーといえば、エスプレッソ。苦いが一口で飲み干してしまう。朝食のパンと一緒に飲むコーヒーとしては量が足りない。

†戦時下のザグレブ

エスプレッソの苦味が口の中にまだ漂うなか、スロベニアを経つ。次はクロアチアの首都ザグレブに向かう。ここでは、クロアチア人の知人を訪ねた。彼の自宅は社会主義国があてがった均一設計の団地にあった。どこを見回しても灰色で味気のない同じような団地が並ぶ。

ザグレブでは、YMCAの宿に泊まった。外壁に砲弾の痕があったので、従業員に聞く。数週間前に流れ弾が当たったのだという。部屋に入ると中央の床に、穴の空いた白い陶磁器が設置されていた。それが、便器だと説明を受けて、驚愕した。用を足すときは、相部屋の者に部屋の外に出てもらわないと、便器を跨いだ恥ずかしい姿を四面から観覧されてしまう。

ザグレブには、国連保護軍の本部がある。カンボジアのUNTAC代表を務めた明石康が、国連保護軍のトップである国連事務総長特別代表の地位に就いていた。もちろん、大学院生の身分では、連絡先も知らず、面会はできない。それでも一目見ようと国連保護軍本部を訪れる。

同本部を囲う柵に、反国連のメッセージが貼られていたことが印象的だった。前年のスレブレニツァでの虐殺を防げなかったことに対する抗議なのか。あるいは、独立のために抵抗を続けるクロアチアにとって、停戦を促す国連が気に入らなかったのか。

ザグレブの知人に連れられて、議会ビルの地下にあるクラブに行く。踊るためではない。取材に出かけたのだ。この議会ビルは、戦火が激しいときには、防空壕になっていたそうだ。今では、若者が集まり、大音響のなかで踊っていた。クラブで流れる音楽は、人々を快楽と堕落へと誘う麻薬。解き放たれた人々が求める「自由」の象徴だと思った。

場違いは承知のうえで、クラブで踊る若者に、セルビア人との和解について尋ねてみた。

「旧ユーゴスラビアでは、チトー大統領の強力な指導のもと、ユーゴスラビア人というアイデンティティが生まれ、人々は共存していたと聞いています。どうして、独立しなくてはならなかったのですか」

「ユーゴスラビアでは、クロアチア人は差別されていました。だから独立をしたのです」

「近所には、セルビア人がいたと思いますが、学校で一緒に遊んだりしなかったのですか」

「セルビア人はいました。彼らは威張っていました。クロアチア人である私たちは、いつも肩身の狭い思いをさせられました。セルビア人とのよい思い出はありません」

答えてくれた若者は、十六歳から十九歳くらいが多い。誰に聞いても似たような内容の返事だった。彼らが本当に経験した差別なのか、クロアチア政府のプロパガンダや内戦という状況が、彼らの記憶を歪めたのか。真相は不明だ。これでは和解の道は遠い。

ザグレブから、いよいよボスニア・ヘルツェゴビナのサラエボを目指す。先に登場したUNHCRの職員（夏季集中講座のゲスト講師）が、サラエボで支援活動をしていたので、訪ねていく予定だった。しかし、彼女から連絡が入り「情勢が逼迫しつつあり渡航は控えたほうがよい」との助言があった。そのため、このときは、サラエボ入りは断念することになる。

†念願のサラエボ入り

私がサラエボを訪れたのは、二〇〇六年。実に二十年の歳月が過ぎていた。私はすでに大学院生から広島大学に勤務する研究者へと成長していた。このときは、ボスニア・ヘルツェゴビナに展開するNATO軍や国連人道問題調整事務所（UNOCHA）などを取材するとともに、内戦の激戦地となったサラエボやモスタルを視察するのが目的だった。

砲撃を受けて多数の一般市民が死傷したサラエボのマルカレ市場は、活気を取り戻していた。マルカレ市場砲撃事件は、欧米諸国が重い腰を上げて内戦に軍事介入をするきっかけとなった。しかし、欧米諸国の介入を促すために、劣勢にあった側が自作自演をしたという噂もある。

盆地のサラエボは周囲を小高い丘に囲まれている。すり鉢の底から周囲を見上げると、丘に陣取ったセルビア人勢力によって、ボスニア人が攻撃にさらされていた状況が一瞬にして想像できる。一般市民が狙い撃ちにされたことで悪名高いスナイパー通りを訪問した。子どもたちが手をつなぎ、談笑しながら歩いていた。かつての恐怖は感じられない。二十年の月日が人々の記憶から恐怖心を取り除いたのだろうか。だが、サラエボ包囲の生き証人として、斜面には、所狭しと無数の白い墓標が建つ。内戦の傷跡を後世に語り継ぐことが目的か否かは不明だ。しかし、その視覚的なインパクトは大きい。米国のアーリントン国立墓地に似ていた。

内戦では、セルビア人、クロアチア人、ボスニア人が、三つ巴で争う。その後、ボスニア・ヘルツェゴビナは独立を果たす。ところが、ボスニア・ヘルツェゴビナのなかにセルビア系住民がスルプスカ共和国を設立してしまう。国家のなかに別の国家が存在するような二重構造が続く。現在は、三民族の代表からなる大統領評議会が置かれ、その議長ポストは輪番制となっていて、三民族の代表が順番に就く。過去に殺しあった隣人の住み分けと権力の分有を通じた平和が維持されている。しかし、和解が進んでいるのかは疑問だ。

そこで、サラエボ市内で和解について、市民の評価を訊いてみた。

「政治のことはよくわかりません。ただ戦争にだけは戻りたくありません」

「暮らし向きはよくなったよ。明日のことを心配しないで生活できています」

ボスニア・ヘルツェゴビナ内戦の激戦地モスタルの橋。左の壁の下に「DON'T FORGET」と刻まれている。

「内戦当時は、買い物に出かけるのも、一苦労でした。あの地区は危険だから避けないと、今日はあそこで狙撃があったなどと、近所の人たちと情報交換していました。今では、そんなことをする必要はありません」

市井の人々は、戦いが再燃していないことを評価しているようだった。日々狙撃を恐れていた当時と比べれば、今は雲泥の差なのだろう。

サラエボ旧市街は、多くの人々でごった返していた。観光客もいただろう。地元の人々も繰り出していたに違いない。水飲み場の階段に人々が腰掛けて疲れを癒していた。頭髪をスカーフで覆ったイスラム教徒もいれば、カフェでビールを飲む女性たちもいた。二十年前の過去の惨事を引きずっているようには見えなかった。

†橋は再建されても民族の壁は高い

サラエボの次は内戦の激戦地モスタルに向かう。モスタルは、現地語で「橋」を意味しているらしい。街には美しく大きな橋が架けられていた。この橋はモスタル旧市街にある。クロアチア系住民の居住地とボスニア系住民の居住地とを結ぶ。

内戦が始まると橋は直ちに破壊された。内戦が終わると、平和と和解の象徴として橋は再建された。クロアチア側には小高い丘がある。川辺にはヨーロッパの街でよく見かけるオープンカフェ（屋外席）が並ぶ。ボスニア側にも、同じようなレストランが軒を連ねる。土産物屋もたくさんあった。外国人の私の目には、両側の違いがわからない。話を聞くと土産物屋を営んでいるのは、ボスニア系住民のようだ。そしてカフェでは、クロアチア系住民が働く。

内戦が終わり、橋は再建された。今では橋が両岸をつなぐ。しかし、クロアチア系住民とボスニア系住民は、川を隔てて別れて住む。彼らは、交わらない。民族の違いは壁として残る。火種は燻ったままだ。建物は再建できても、人の記憶の再構築や感情の修復は容易ではない。

コラム9　平和のためのジャーナリズム

ユーゴスラビアの内戦は国際社会の関心を大いに集めた。CNNやBBCといった国際メディアが連日のように現場から報道を繰り返す。国際メディアが国連安全保障理事会の五大国に次ぐ影響力を誇ると揶揄された。それをCNN効果という。

ところが、国際社会はソマリアでの平和強制に失敗していた。戦い続けたい当事者に力ずくで平和を押しつけても、そのような平和は簡単に綻ぶ。これがソマリアでの失敗から得た国際社会の教訓だった。

ソマリア介入にはメディアが従軍した。戦場の模様が茶の間に届けられた。ソマリアの平和のために出征した米兵が、首都モガディシュで民兵に惨殺される。何のために米兵は命を賭けているのか。米国は厭戦ムードとなる。ビル・クリントン大統領は、米軍の撤収を決定。「米国の国益とならない場所に米軍を派遣しない」という大統領令を出す。

モガディシュのトラウマを抱えた米国は、ユーゴスラビアで内戦が勃発しても重い腰をあげない。ところがヨーロッパでは、ホロコーストの再来を許してはいけないという十字架を背負っていた。内戦が激化するなかで軍事介入を求める声が高まる。ボスニア・ヘルツェゴビナでは、「民族浄化」という言葉が作り出された。人々で賑わっていた市場に迫撃砲が撃ち込まれる。血だらけの市民の映像が届けられた。メディアはスナイパーに狙撃される老女や集団レイプされる女性たちを追う。そして、目の前で母親と姉がレイプされ殺されたという少女をカメラは映し出す。この報道が介入には消極的だった世論を参戦に導く。政治家たちはNATO軍の介入を決断した。

この話には後日談がある。この少女を取材した記者は、和平合意後に彼女とばったり再開する。彼女は殺されたはずの母親と姉と一緒に買い物をしていた。母親も姉もレイプされたことはないという。「どうして嘘をついたのか」と記者は彼女を問い詰めた。英語が堪能だった彼女は、欧米メディアの前で悲惨な話をする任務を担う工作員だった。

「欧米諸国に軍事介入してほしかったのです。戦争に勝つためにしたまでです」

彼女を取材した記者は自責の念に駆られる。「真実」を報道したつもりが、戦争プロパガンダの一翼を担ってしまったのだ。もちろん、彼の報道だけでNATO軍の介入が決まったわけではない。しかし、NATO軍の空爆によって失われた命もあったはずだ。

国際メディアは欧米の視聴者に向けて報道する。英語を話す現地人がいれば飛びつく。そして裏をとることなく偽情報を垂れ流す。これを逆手にとって紛争当事者たちは国際メディアを操る。客観報道のつもりが、戦争に加担してしまう。このときの経験から、その記者は従来の報道姿勢に疑問をもつ。ジャーナリストの役目は真実を伝えることではない。戦争を回避することが最も重要な役割だ。ジャーナリズムは平和のためにあるべきだ。

3 和解の景色

†分断による平和

血で血を洗う内戦を経験したボスニア・ヘルツェゴビナ。国家を民族ごとに分けて統治し、それぞれが互いに干渉しない自治を得ることで、和平を実現した。それを担保したデイトン和平合意は、分断に基づく平和を実現した。しかし、その平和はガラス細工のように脆い。その繊細なバランスが壊れないように国際社会は監視を続けてきた。その体制は歪(いびつ)ではあるかもしれないが、内戦の再発を防ぎ、共存を可能としてきた。

ところが、平和共存が可能になることは、必ずしも和解が促進されたことを意味しない。各民族の自治を強調すればするほど、それぞれの分断が長く続けば続くほど、各民族に共通するアイデンティティの基盤は薄れてしまう。民族の独自性を謳い、独自の言葉で独自の歴史を独自の学校で教えていく。和解とは、殺しあった者たちが再び同胞として再出発することなのか。それとも互いに隣人として弁(わきま)えて暮らしていくことなのか。ボスニア・ヘルツェゴビナの内戦は、後者であることを示す。

†平和強制の後の和解の課題

デイトン和平合意は、米国の肝煎りでクロアチアやセルビアといった利害関係者たちと取りまとめたものだ。ボスニア・ヘルツェゴビナの紛争当事者たちは、渋々と和平を受け入れた。背後に、米国をはじめ利害関係者からの圧力があったからだ。そのため、デイトン和平合意は、外部の圧力で平和が強制された一例として、当時は批判を受けることもあった。紛争当事者の自発性がない平和は長続きしない。力で抑えても、重石が取られれば、紛争は再燃する。こういった批判が繰り返された。

ところが、合意が結ばれてから二十七年が過ぎた今でも内戦は再発していない。住民の棲み分けと権力分有の成果だ。もちろん、重石が効いているともいえる。国連保護軍をNATOのIFORが引き継ぐ。それが安定化部隊（SFOR）に変わり、さらにはEUの欧州連合部隊（EUFOR）にバトンが渡された。現在でも治安維持のために派遣され続けている。さらには、合意の履行を監督するために国際社会から派遣された上級代表が依然としてボスニア・ヘルツェゴビナの大統領評議会のうえに重石として君臨する。

逆をいえば、いまだに重石を取り除くことができていない。つまり、そのことは和解が十分に進んでいないことの証左だといえよう。

平和強制では、悪が特定され、悪に対して国際社会が制裁を加える、という筋書きを作る。その影響を受けて、旧ユーゴスラビアでは、修復的正義の追求は応報的正義の実現の陰に隠れてしまった。ボスニア・ヘルツェゴビナでも、その傾向は否めない。分断されたコミュニティをつなぐ試みがなされてはいた。たとえば、私の知人は、サッカーを通じて、ボスニア・ヘルツェゴビナの子どもたちを結びつけようとした（森田、二〇〇二）。しかし、真実・和解委員会のような加害者と被害者との和解を目的とした修復的正義の取り組みは見られない。

他方、本書で見てきたとおり、カンボジアや東ティモールでは、国家レベルでの応報的正義の追求に加えて、コミュニティレベルでは修復的正義が試みられていた。その場合、修復的正義は、それぞれの土地に根ざした慣習を基盤に取り組みがなされており、伝統的な祈禱師や長老の存在が認められた。

各コミュニティを超えた国家単位での和解の取り組みとして、南アフリカの真実・和解委員会をモデルとした修復的正義の追求も試みられている。東ティモールでは、受容・真実・和解委員会の取り組みは終了した。ただし、同時並行で進められた重大犯罪の容疑者に対する応報的正義は、なし崩し的にうやむやとなった。

スリランカでも、過去の教訓・和解委員会が設置され、失踪者の捜索や被害者の賠償が取り組まれているが、真実の究明と加害者の処罰は進んでいない。

†殺しあった隣人同士の和解

では、どうして和解が進まないのか。ボスニア・ヘルツェゴビナは、旧ユーゴスラビアのなかでも多民族が混在する地域だった。内戦になると民族が異なる隣人同士で殺しあうことになってしまったからだ。

和平合意後も一国内に二つの国家を内包する。対立してきた三つの勢力が民族の境界に沿って分断されたままだ。デイトン和平合意の基本方針に「共和国の分裂を許さない」「三民族の共存」がある。この方針には、殺しあった三民族が撚りを戻すことができる、平和的に共存することができるという前提がある。

ところが、この前提は危うい。どうしたら平和共存の土台となる民族間の和解が実現できるのか。この重要な問いかけが十分になされていない。

†戦争の記憶を残すことは和解を妨げないのか

広島の原爆ドームは、戦争の記憶を絶やさないためのモニュメントとして爆心地に立つ。終戦直後は放置されていたドームは、平和のシンボルとして生まれ変わった。原爆ドームの場合は、戦争の悲惨さという集合的記憶を風化から守ることに役立ったといえよう。

ボスニア・ヘルツェゴビナ内戦の傷跡が残る建物。

ボスニア・ヘルツェゴビナでは内戦の爪痕は至るところで目につく。モスタルの橋は再建された。その一方で、モスタルの街中には、銃弾の痕が生々しい建物が修復されないままに放置されていた。これは、内戦の悲劇を忘れないために意図的に残してあるのだという。内戦の犠牲者の墓地が、住民が日常的に目にする場所に広がる。いかに多くの尊い命が奪われたのかが可視化されている。

空から降ってきた原爆とは違い、互いの素性を知った隣人同士が殺しあいをしてきた場合、このような生々しい戦争の記憶を残すことの弊害がないものかと心配になった。戦争の記憶が身の回りに残ることは、かつての敵に対する憎悪の感情を呼び起こさないのだろうか。

紛争地を歩く知恵7　安易にパスポートを手渡すな

地図を片手にサラエボから南西に車を走らせ、単身モスタルに向かう。サラエボを出て、南に向かう途中で、誤ってスルプスカ共和国に迷い込む。境界線に鉄条網や検問所なども ない。道路を走っていると、知らぬ間に「入国」していた。

するとパトカーに呼び止められ、路肩に停車した。スルプスカでは、日中であっても車の運転中はヘッドライトを点灯させなくてはならない。私はそれを知らずに無灯火で走っていた。そのため、呼び止められてしまったらしい（これは、後でレンタカー会社に確認）。

警察官が何かを叫ぶ。言葉は通じない。日本の警察への対応の癖が抜けきらず、免許証を要求していると思い、国際免許証を手渡す。「ジャパン」「パスポート」という言葉も聞き取れた。つい、パスポートも手渡してしまう。車内に留まり、窓越しにパスポートを見せるべきだった……。

警察官は、私のパスポートを受け取るとニヤリと微笑む。国際免許証とともに、自分のポケットに突っ込む。私はパスポートを取り戻そうと車から降りる。そのすきに、彼の同僚は、車内のダッシュボードなどを漁り出す。

車検証のようなものを取り出してきて、期限が書かれている箇所を指差している。期限から二日が過ぎていた。それを指摘しているようだった。言葉が通じないと思ったのか、警察官はタバコの箱を取り出し、そこに五十ユーロと書く。多分、袖の下を要求しているのだろう。

車のナンバープレートを指して、何か怒鳴っている。そのとき、この車がクロアチアのナンバープレートをつけていることに初めて気づく。レンタカーは、サラエボで調達したのだが、どうしてか。民族対立の怨念で、仇敵のクロアチアに住む日本人に嫌がらせをしようとしているのか。

そこで私は、この車はレンタカーで、私は日本人で旅行者であると伝えようと試みた。「ツーリスト」「ジャパン」は伝わったようだ。「ツーリストか?」

警察官の表情が少し緩む。私は得意の交渉を始める。片言の英語が聞き取れる警察官を相手に、身振り手振りで、話を進めていく。何をどういって丸め込んだのか、今では覚えていない。地図を車のボンネットに広げてモスタルを指差す。「ここに行きたい」と繰り返す。すると警察官はなぜか笑顔になる。賄賂を払わずとも、免許証とパスポートを返してくれた。そして、モスタルまでの道を指でなぞって教えてくれた。結果はオーライ。しかし、警察官だからといって安易にパスポートを手渡してはならない、と肝に銘じた。

第八章

キプロス
——分断から和解は生まれるか

キプロスの首都ニコシアを南北に分断する緩衝地帯。

本章ではキプロスの和解を取り上げる。キプロスは一九六四年に勃発した内戦が今でも続く。一九七四年にトルコが軍事介入し、島が南北に分断された。以来、キプロス島には二つの国家が事実上存在する。北朝鮮と韓国とに分断された朝鮮半島のような場所だ。

紛争が未解決で、かつ分断が既成事実化している状況で、和解を説く意味はあるのか。分かれて住み、過度に交わらない。この解決策は暴力を減らす。互いにわだかまりをもちつつも、別れて住めば接点は生まれない。接点がなければ摩擦も生じない。つまり、争いが減る。争いが減れば、和解も進む。これは一見すると平和に寄与しているようだ。なぜならば、分断は、両者の関係が悪化して人々が殺しあうようなリスクを避けているように見えるから。同時に、そのような平和の形は、和解に、どのような影響を及ぼすのか。こんな疑問に本章では迫る。

本章では、分断された南北キプロスで、実感した平和と和解の関係を振り返ってみたい。分かれて別の人生を歩むということは、和解に資する。和解とは互いを尊重しあうこと。しかし、それが難しくても、互いに干渉しないことで、和は保たれる。それは、心の交流を妨げるようだが、和解の第一歩にもなる。

1　和解の背景

†キプロス略史

キプロスは地中海の東の端に浮かぶ島嶼国。トルコの南方、シリアやレバノンの西方という戦略的要衝に位置するため、さまざまな勢力に支配を受けてきた歴史がある。十九世紀には、大英帝国の植民地となった。一九六〇年に独立を果たしたものの、現在でも英国の領土（軍事基地）が島内に存在する。

独立前からキプロス島には、多数派のギリシャ系と少数派のトルコ系とが居住していた。島民は、キプロス人としてのアイデンティティとギリシャ系やトルコ系という民族のアイデンティティを持ちあわせている。教育レベルは高く、ヨーロッパ人としての誇りをもつ。生粋のトルコ系キプロス人は、自らをトルコ人だとは考えていなかった節がある。

しかし、キプロスが独立を果たすと多数派のギリシャ系と少数派のトルコ系に割れる。そして、一九六四年には内戦が勃発してしまう。このとき国連は、国連PKOの国連キプロス平和維持隊（UNFICYP）を派遣して事態の収拾に努めたが、和平合意には至らなかった。

トルコ系住民が抑圧された状況に業を煮やした隣国のトルコが、一九七四年に軍事侵攻をする。島の全域を支配していたギリシャ系勢力は島の南部に追い詰められる。このとき、トルコに占領された北部に住んできたギリシャ系住民が南部に避難し、ギリシャ系が支配していた南部に住むトルコ系住民が北部に移動した。そして、国連ＰＫＯが両者の間に緩衝地帯を設け、そこに駐屯する。

一九八三年には、トルコが占領していた島の北部が「北キプロス・トルコ共和国」の独立を宣言（承認したのはトルコのみ）したが、一九七四年に島の南北での分断が固定化されてから、約半世紀にわたり、国連ＰＫＯが南北を隔てる緩衝地帯に展開されている。

†内戦の概要

島内ではギリシャ系が総人口の約八割を占める。しかし、北部を占拠するトルコの存在は強大だ。トルコの支援を受けたトルコ系住民は、トルコの後ろ盾で影響力を増す。だが、それに比例して、トルコ系住民の意思決定にトルコが及ぼす影響力も増えていく。トルコ系住民の指導者たちは、そのことを快く思っていない。しかし、背に腹は代えられない。トルコを無下に扱うこともできない。たとえば、「国境」を守る兵士たちもトルコ人の司令官の隷下に置かれる（岩坂、二〇二〇）。水資源に乏しい北キプロスはトルコから水の供給を受けている。

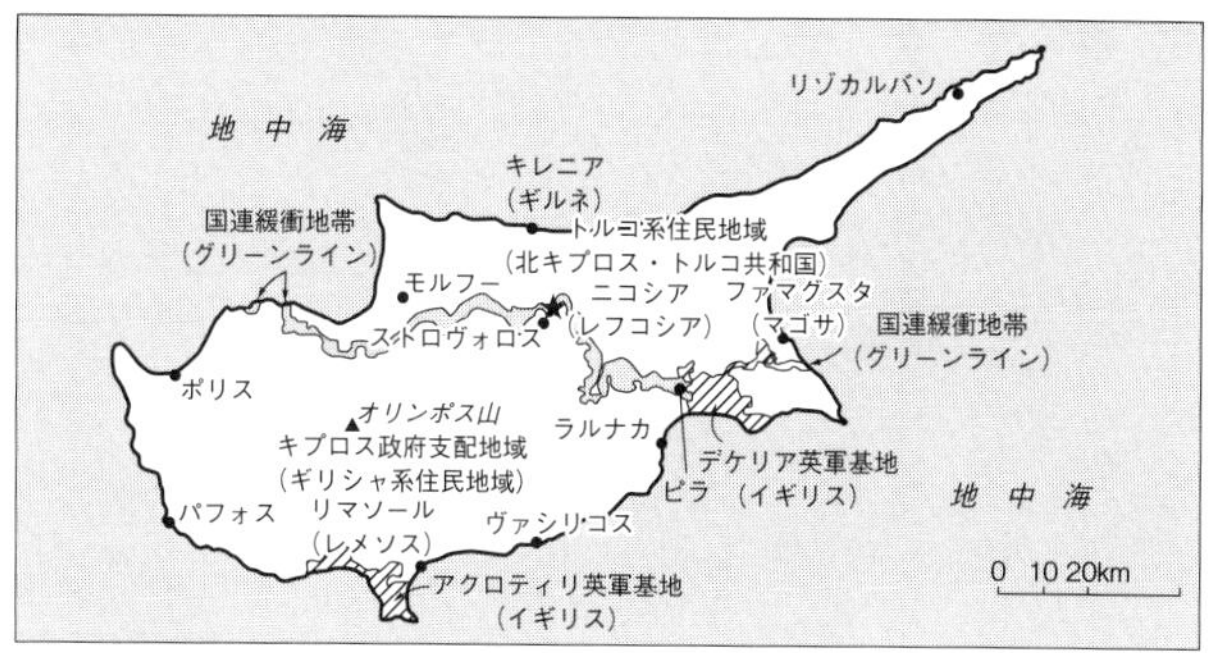

キプロス地図

さらに、トルコとギリシャの対立構造も島内の対立に拍車をかける。旧宗主国の英国、保証国という特別な地位を与えられたギリシャとトルコ、それに国連が仲裁を試みてきた。EUへの加盟を餌に和平案が提示されたが、南北分断の状況は解消されない。どちらの勢力も、和平合意を結ぶために譲歩するくらいであれば、現状維持を望んでいる。

多数派が少数派の権利を認める体制が、平和を実現するには理想だ。キプロスは、スリランカと同様に、英国から独立するにあたり、少数派の権利を認める憲法を掲げて船出した。しかし、スリランカと同様にキプロスの場合も、多数派が強かった。驕りが彼らの先見の明を狂わせる。少数派に与えられた「特権」に多数派が不満を募らせたのだ。少数派に過度に権利が与えられている、と多数派は考えてしまう。驕る多数派は、ときに数にものをいわせて、場合によっては力ずくで、少数派の権利を剝奪していく。それを脅威と感じた少数派は、抵抗し、武器を手にする。

民主制では、数が多い方が有利。たとえば議会において、少数派のトルコ系住民の権利を保障しようとすると、多数派のギリシャ系議員の反対で成立しない。少数派は、常に多数派の圧政に苦しめられないか、と疑心暗鬼になる。自然と少数派は、解放・自由・独立を求めるようになっていく。そして、その動きを脅威と感じた多数派によって、少数派は力で押さえつけられる。

戦場では、強い者が有利。戦えば必勝のギリシャ系には、譲歩をする意味が見出せない。この負の連鎖が繰り返されて内戦となった。劣勢にある少数派は、隣国の地域大国トルコに支援を求め、それが一九七四年のトルコの軍事介入を招く。

一九七四年以来、民族の違いによって南北に分断され半世紀が過ぎた。もはやかつて隣人として同胞として過ごした日々を知る者は、国民の過半数を割る。分断という暫定的な妥結策が既成事実となっていく。

†国連キプロス平和維持隊

一九六四年にキプロスで内戦が勃発したとき、国連キプロス平和維持隊が派遣された。当時のキプロスでは、多数派のギリシャ系住民が島全体に居住するなか、トルコ系住民が各地に散在して居留地を形成していた。そのため、国連キプロス平和維持隊が両勢力の間に介入して、

停戦合意ラインを国連キプロス平和維持隊が監視するための見張り台。

物理的に両者を引き離すことはできなかった。小規模の居留地に籠城したトルコ系住民に対して人道支援物資を届けるなどの取り組みに終始した。

その後、両勢力は、膠着状態に陥り、和平交渉は進まなかった。憲法で規定された少数派の特権をトルコ系は堅持したい。他方、多数派のギリシャ系は、その憲法を書き換えたい。過大な権限が少数派に与えられていると考えたからだ。両者の溝は埋まらない。

そのなかでトルコが軍事介入に踏み切る。トルコがトルコ系を支援し、ギリシャがギリシャ系を支援する。子どもの喧嘩に親が口を出し、親同士の喧嘩に発展しそうになった。冷戦下でNATOの加盟国であるトルコとギリシャが対峙するのは、米国や英国にとって望ましい事態ではない。しかし、国連は有効な手を打つことができず、事実上の南北の分断を許してしまう。首都のニコシアも南北で分断された。そして停戦ラインに沿って、国連キプロス平和維持隊が再展開され、両勢力の間の緩衝地帯を維持することになった。

それ以来、両勢力は本格的な武力衝突には至っていない。死者が出る小競りあいがなかったわけではない。緩衝地帯で対峙していた兵士たちが、相手をからかうためにズボンを下ろしてお尻を突き出した。その肛門をめがけて銃が放たれ、尻を出した兵士は即死したそうだ。

このような事件を除けば、約半世紀にわたってキプロスでの「平和」は維持されている。しかし、その「平和」には国連キプロス平和維持隊の存在が欠かせない。和平交渉が何度も繰り返されてきたが、実を結ぶことはなかった。

半世紀近くも展開を余儀なくされている国連キプロス平和維持隊の撤退が、何度も国連で議論されてきた。その規模が縮小されたとはいえ、今でも平和の要石として国連キプロス平和維持隊は緩衝地帯に楔を打つ。この象徴的な楔は、平和を維持しているが、同時に紛争当事者間の和解を妨げているのではないか。こんな疑問に対する答えを見つけるために、キプロスに飛ぶ。

2 和解の旅

†緩衝地帯を往来する

一九七四年以来、南北の「国境」は閉ざされていた。私が最初にキプロスを訪問した二〇〇〇年には、南北を区切る緩衝地帯に国連キプロス平和維持隊が陣取っていた。この国連PKOがキプロス紛争の解決に果たす役割を調査するために私は同地を訪れた。

緩衝地帯から北キプロス・トルコ共和国を見る。向かって左がトルコの国旗。向かって右が北キプロスの旗。白線が停戦ライン。

キプロス和平の仲裁をしていたカナダ人のロン・フィッシャー（Ron Fisher）は、仲裁者としての中立性を保つために、国連機を使って南北の緩衝地帯に位置するニコシア国際空港に降り立つことにしたと教えてくれた。しかし、当時は博士課程の学生だった私は、キプロス共和国政府（南キプロス）の奨学金を得て現地調査をすることになっていた。そのため、私は英国から南キプロスのラルナカ国際空港に向かい、キプロス共和国に入国した。トルコ経由で北キプロスから入国する方法もあったが、キプロス政府の奨学金を得ていたため、この選択肢は取れない。

キプロスでは、国連PKOが実施する首都ニコシア内の緩衝地帯をめぐるガイドツアーに参加した。ブルーベレーを被った隊員に連れられて、グリーンラインと呼ばれる南北の緩衝地帯を歩く。

「ニコシアは世界で唯一の分断された首都です」

ガイドの兵士が教えてくれた。緩衝地帯での現状変更は禁止されており、分断された一九七四年のままの状態が保存されていた。開けたままになっていた冷蔵庫のなかに、埃を被った牛乳瓶を見つけた。瓶のなかの牛乳は、今では発酵してチーズになっているだろう。

コロナ禍前の二〇一八年と二〇一九年にキプロスを再訪した。約二十年前とは異なり、国連のツアーは一般向けに実施されていなかった。建物の老朽化が進み、道中の安全を確保できない、というのが理由らしい。そこで事前に国連に連絡を入れ、特別に緩衝地帯に入れてもらう。閉鎖中のニコシア国際空港を訪問した。無人のターミナルビルや置き去りにされた旅客機の姿が郷愁を感じさせた。緩衝地帯の一部は農地として住民に開放されている。農作業をする住民を国連PKOが警護している場面を見学に行く。停戦違反を見張る国連の監視塔にも登らせてもらう。双眼鏡の先にはトルコ兵の表情がくっきりと見えた。

†南北「国境」を越える

二十年前であっても外国人の私は南から北へ抜けることが許されていた。ただし、それは、日帰りでなければならない。宿泊したり、北側から出国したりすることは禁止されていた。「国境」を越える手順は次のとおり。まず南側から国連が管轄する緩衝地帯に入る。国連の検問を通過して北側に入る。北側では、北キプロス・トルコ共和国の外交官が待機する。そして、あらかじめ提出していた取材先リストに基づき政府要人への取材が始まる。

南キプロスは、ヨーロッパの街のようで、二十年前にも英語を学ぶ中国人留学生に多く出会った。他方で、北キプロスは、観光客がおらず、閑散としている印象を抱いた。

二十年の間に南キプロスはEUに加盟した。キプロスのEUへの加盟が、南北和平の梃入れとなることが期待された。しかし、和平合意だけでなく、南北の同時加盟すら実現できず、南キプロスが一方的に加盟することになった。それによって、「国境」の様子は変わっていく。現在でも南北の間に国連が介在している点に変わりはない。ところが、南北双方の検問所が恒久的な建物となっていた。今では観光客が自由に南北を往来している。

ニコシア南部の商店街には、欧米のブランド店が並び、多くのレストランが繁盛していた。以前の面影がない。スリランカやフィリピンから出稼ぎに来ている女性たちを多く見かけた。二十年前には考えられなかった状況だ。二十年前に両替した残りのキプロスの紙幣を持参したのだが、EU加盟とともに自国の通貨がなくなり、その紙幣は使えなかった。

「骨董屋に持っていけばコレクター向けに高価で売れると思いますよ」

店主は、そう助言してくれた。

二十年前とは異なり「国境」はキプロス人にも開放されている。希望すれば、彼らでも自由に南北の往来が可能になった。北から南に難民として移住を強いられた人が、自分のかつての家を訪ねることもできる。しかし、そこには新しい住民が住んでいて、自分の家には戻れない。そのためか、往来は活発ではないようだ。どちらかといえば、物価の安い北に南の住民が買い物に出かけるということが多いらしい。

南でレンタカーを借りて、北を訪問してみた。もちろん、北にはホテルもあって宿泊は可能だった。しかし、前回と同様に南側のルールで日帰りが条件とされた。

北も雰囲気が変わっていた。前回は、北キプロス・トルコ共和国政府の案内人が同行したが、今回は、完全に自由にどこにでも行けた。美しいビーチは観光地化されていた。景観のよい港町は、資源ビジネスで成功したロシア人が殺到し、開発が進んでいる。彼らは不動産を買い占めているという噂を聞く。レストランではロシア語を耳にした。

夕食を「国境」近くのレストランで食べた。自国の通貨を持たない北キプロスで流通するのは、トルコ・リラ。持ちあわせが十分にない。しかし、支払いはユーロでしてほしいと頼まれた。トルコ・リラが下落しており、北キプロスでもユーロが好まれているようだ。

すでに日が暮れ、辺りは暗い。だが「国境」までの道がわからない。給油所で道を尋ねる。給油所のスタッフは、トルコ出身で英語がまったく通じない。Google 翻訳を使って意志の疎通をはかったが、トルコ人の彼は、南キプロスに行くことができないため、「国境」を越えるルートを知らない。あきらめて給油所を後にする。車の流れを頼りに、なんとか検問所まで辿り着く。「国境」を横目に、一時間余り付近を彷徨する羽目になった。

人口が少ない北キプロスには、トルコから多くの労働者が移住してきている。トルコ系キプロス人は北キプロスで多数派から転落したのではないか、と囁く人もいた。

†解決よりも現状維持

時計の針を戻そう。南北に分断されたキプロスを二〇〇〇年に訪問したときには、南北双方の指導者に話を聞く機会を得た。

北キプロスの政治家たちは、トルコ系キプロス人で占められていて、トルコから移住してきた人々が影響力を及ぼしているようには見えなかった。もちろん、経済的にも軍事的にも後ろ盾のトルコにおんぶにだっこという現実は、当時からも明らかだった。しかし、南北が統一したキプロスでは、少数派として「特権」を与えられる身にしかなれない状況よりは、一国の代表となっている現状の方が望ましいと考えているようだった。

もちろん、トルコが支援を梃子に北キプロスの内政に干渉してきたり、キプロス問題の交渉に自分たちの頭越しに影響力を行使したりすることを苦々しく思っている心境は容易に読み取れた。されども、一国の主人でいられることは政治家を目指す野心家の自尊心を満たす。

北キプロスを案内してくれた外交官は、私が博士課程に所属していた英国のケント大学で国際関係論の修士号を取得していた。その縁もあってか、政治家への聞き取りだけでなく、私を自宅に招いて、お茶を飲みながら、よもやま話につきあってくれた。彼の自宅には、彼の祖母がいて、内戦当時の話や現在は南に属する地域にあった実家を追われた状況を話してくれた。彼女の与り知らないうちに、北と南の指導者たちは、南から北に脱出したトルコ系住民の住居と、その逆に北から南に逃れたギリシャ系住民の住居とを交換することを決めた。この祖母も、この決定で家を失う。そして、国連の監督下で、住民の入れ替えも進められたという。平和裏に進んだ「民族浄化」だと、案内役の外交官は自嘲気味に揶揄していた。

実際に、そのときに自宅を追われ実家や財産を失った人々は、「難民」として、それぞれ一定の勢力を南北で誇っている。利益団体を形成して、それぞれの内政に影響力をもつ。このような「難民」は十分な補償を受ければ「移住」を納得するのか、それとも思い入れのある故郷に戻りたいのか。この点は、何度も試みられた和平交渉の条件を左右した。

「難民」は南にもいる。南キプロスの政治家たちは、彼らの意向を無視できない。故郷に戻りたい人の帰還を可能にするためには、現在の住人と交渉しなくてはならない。その住人は不当に占拠したわけではない。その住人も自宅を失い、住居交換協定に基づいて、政府の指示で現在の住居に引っ越してきたのだ。

同時に、すでに分断から半世紀以上が過ぎた。私が訪問した二〇〇〇年には、まだ帰還という選択肢にも現実味があった。しかし、今では帰還という選択肢は感傷的な夢物語にしか聞こえない。二十年前には、紛争が解決して分断が固定化されることで実家を取り戻せなくなるという現実を受け入れるよりは、紛争を継続して、まだ帰還の望みはある、と信じたい人々が一定数いたのだ。彼らは紛争の犠牲者でもあり、紛争解決を阻む抵抗勢力でもあった。

†民主制の難しさ

この弊害は、複数政党制を敷く民主制度を導入していた南北双方で顕著に現れていた。北キプロスでは、ラウフ・デンクタシュが率いる国民統一党と息子のゼルダル・デンクタシュが党首の民主党に対抗する共和トルコ党とが拮抗していた。民主政治の弊害は、民主党、民主運動党、労働人民進歩党などが鎬を削っていた南キプロスではさらに顕著だった。

とりわけ、南キプロスでは、選挙で与党と野党がよく入れ替わった。大統領が和平を進めて交渉に臨むと野党は妥協に応じたと批判する。和平合意がなされても、それを大統領の弱腰の結果だと批判するのだ。したがって、和平合意を受け入れた大統領は、次の選挙で敗れるという事態が発生した。そのため、和平交渉で妥協することは、その政治家の政治生命を奪うことになりかねない。政治生命を危惧しなくてもよい引退間近の大統領が、自らの花道を飾るために和平合意を結んだところで、議会が批准しない。こういった状態が今でも続く。

二〇〇〇年にキプロスを訪問したときには、南北の有力政治家たちを取材した。そのときに私が抱いた印象は、南の政治家たちは、国内の対抗勢力（与党であれば野党）への不満を漏らすことが多く、北の政治家たちは、南キプロスの政策を批判していた。互いに共通していたのは、相手側が問題を起こしたと主張する点だった。南キプロスの政治家たちは、一貫してトルコによる軍事占領を国際法違反だと糾弾した。その主張の根拠となる国連決議をいくつも並び立てた。そして、トルコがいなくなれば、トルコ系住民とは再び同じキプロス人として和解ができると強調した。他方、北キプロスの政治家たちは、トルコが軍事介入する前の劣勢に立たされていた時期に、いかに多数派のギリシャ系から酷い仕打ちを受けたかを強調する。そして、トルコの後ろ盾は外せない、と本音を吐露する。

†南北共存に向けた取り組み

次に、一般市民は、どう考えているのかを明らかにするため、ピラという村を訪れた。

この村は南北を分断する緩衝地帯内にあり、ギリシャ系とトルコ系とが共存する。「国境」が閉ざされていた約二十年前には、ピラ村はギリシャ系住民とトルコ系住民とが国内で顔を突き合わせることができる唯一の場所となっていた。

ただし、共存といっても、実際は並列しているだけ。食堂や雑貨屋などがあるが、ギリシャ系住民はギリシャ系の店にしか行かない。トルコ系住民も同様にトルコ系の店にしか入らない。それが二十年の時を隔てた現在でも変わっていない。ギリシャ系のカフェで飲むコーヒーはギリシャ・コーヒーと呼ばれ、トルコ系のカフェで出されるコーヒーはトルコ・コーヒーと呼ばれていた。どちらも私には同じものに見えた。味も変わらない。

キプロスでは「バイ・コミュナル(Bi-communal)」が和解のキーワード。ギリシャ系とトルコ系の二つの共同体を包摂した枠組みという意味で用いられる。南北対話が、その一例だ。

二〇〇〇年に訪問したときには、南北和解を目指すNGOによる取り組みに参加した。和解を求める南北の市民が、ピラ村でバイ・コミュナル・ワークショップを開き、和平への道、和解の方法を議論していた。

　国連が緩衝地帯で開催していた南北共存の祭りにも顔を出す。「We deserve better!」という歌をバンドが熱唱していた。このバンドは、南北統一を目指すギリシャ系とトルコ系の若者で編成され、この歌は彼らが共同で作詞作曲したという。

「こんな状況は、私たちにとって、あんまりだ！」

　長年続く分断に異議を唱える若者たちとも膝を突きあわせて対話を試みた。作詞を担当した若者が、ぼそっと呟いた言葉が今でも耳に残っている。

「こういった南北友好の活動に参加するのは、いつも同じ面子（メンツ）。友だちが無関心なんだよ」

　南キプロスの学校で使っている教科書を見せてもらう（高校の現代社会のような科目）。富士山や新幹線の写真とともに日本が紹介されていた。しかし、その教科書には、北キプロスのことは、どこにも触れられていなかった。あたかも北は存在しないかのような扱いだった。

　キプロスでは、数多くの団体が、和平や和解に向けた取り組みを展開しているのを見かけた。それら市民活動をマッピングした研究者に話を聞く。

「課題は、共存や和解を唱えている人々は、いずれの社会でも少数派。多くの人は、和解に無関心。南北であえて一緒に何かしようと考える市民は少ないのです」

　この状況は、二十年を経てもあまり変わらない。もちろん、市民団体によって南北交流は重ねられてきた。その一つの成果は、ニコシアの緩衝地帯内にあるレドラ・パレスに南北双方の住民が集うことができる建物ができたことだろう。協力のための家（Home for Cooperation）と呼ばれる。南北の市民が集う多種多様なイベントが開催されるようになっていた。二十年前には、ピラ村で実施するか、キプロスを離れて海外で実施するしかなかったが、今では首都ニコシアに打たれた楔の中でバイ・コミュナルな活動ができるようになった。

また、南北に分断された首都ニコシアの地下では、下水路がつながった。実はニコシアにおいて南北の下水路をつなぐ試みは、私が二十年前に現地を訪問したときに、当時のニコシア市長が自慢げに語ってくれたプロジェクトだった。

「国家レベルの政治では、にっちもさっちもいきません。しかし、市民のレベルでは、互いにとって利益になるようなプロジェクトがまったくできないわけではないのです」

†両民族が共有する文化遺産

分断化されたコミュニティをつなぐ試みは続く。さまざまな勢力に占領された過去があるキプロスには、東ローマ帝国、十字軍、オスマン帝国などの遺産（ヘリテージ）が眠る。これらの遺産は、周囲の国際環境に振り回されたキプロスの歴史を物語る。両民族が共有する文化遺産を、南北の専門家が集い、共同で保全していく取り組みが始まっていた。

文化遺産保全のためのバイ・コミュナル委員会に、復元されたアルメニア教会を案内してもらう（ギリシャ正教の教会でもなく、イスラム教のモスクでもない）。崩れた建物は修復されていた。

この文化遺産保全の取り組みや先の下水路の事例のように、政治化されにくい技術的な活動においては、南北の壁は取り払いやすい。しかし、引き裂かれた人々、分断された状態が常態となってしまった人々の心を紡ぎ直すのは、遺跡の修復のようにはいかない。

コラム10　退役軍人宅にホームステイ

博士論文を書くために二〇〇〇年にキプロスを訪問した。その資金としてキプロス政府から奨学金を得た。私が奨学金をもらった最初の日本人だったそうだ。

紛争解決を志向する者は、両勢力から中立的な存在として認識されなくてはならない。キプロス和平の仲裁を試みたカナダ人の研究者ロン・フィッシャーは語る。そこで彼は、国連PKOに依頼して、国連機で緩衝地帯にあるニコシア国際空港に降り立った（南北の緩衝地帯にあるニコシア空港では、国連機以外の使用は許されていない。なお、現在は使用されていない）。

国連機を使えない私がキプロスに入国するには、トルコ経由で北から入るか、国際線を介して南から入るかの二通りのルートがあった。北ルートを使えば、北キプロス・トルコ共和国（現在、トルコ一か国のみが承認する）を認めたとギリシャ系住民に思われてしまいかねない。

他方、一般的とはいえ、南に位置するラルナカ国際空港を用いれば、トルコ系住民からは、南の事実上の実効支配を認めたと指摘されるかもしれない。

もちろん、キプロス政府の奨学金を得ることは、中立的だとみなされないかもしれない。しかし、仲裁するわけではないことや北の外務省にも連絡を入れて取材が許可されていたことを踏まえれば、そんな深刻な問題とはならなかった。

キプロス政府の担当者には、ホテル滞在ではなくホームステイをしたいと伝えた。前代未聞の要望に、担当者は驚いていたようだが、受け入れ家族を見つけてくれた。

キプロス軍の退役軍人のお宅にホームステイをさせてもらった。子どもたちは、すでに成人して海外で働いているという。そのため、子どもの部屋が空いているので、使ってよいという話になった。

ホストファーザーには、一九七四年のトルコ軍との戦争について教えてもらった。陣頭指揮していると敵弾が首筋をかすめた。ほんの数ミリずれていれば即死だっただろう。私がお世話になったときは、すでに高齢のため予備役になっていた。もう訓練に駆り出されることはない。ただし、働き盛りの男性は、予備役になっても定期的に軍事訓練に出頭しなくてはならないそうだ。毎日のように、いろいろな体験談や現在の政治情勢に対する論評を聞くことができた。

ホストマザーには、キプロスの家庭料理を振る舞ってもらった。ケバブ（肉の串刺し）に新鮮なトマトとチーズとオリーブの実のサラダ。手作りのポテトフライを添える。じゃがいもを包丁でスライスして、オリーブオイルで揚げる。できたてのポテトフライは、格別にうまい。柘榴（ざくろ）の生ジュースも初めて飲んだ。

老夫婦はとても親切で、よく面倒を見てくれた。私が北を視察するといっても、嫌な顔をしなかった。北から戻ってきたときは、私の体験談に耳を傾けてくれた。

私がホストファミリーと交流した印象では、トルコ系キプロス人に対する嫌悪や憎悪ではなく、一九七四年に軍事侵攻し、今なお不当に軍事占領しているトルコに対する否定的な感情が渦巻いていた。

南北統一や和解を謳う市民団体とは違い、ホストファミリーはトルコ系住民とも、融和を説く市民団体とも積極的に交流をもとうとしない。ピラ村で開催される南北住民対話に誘っても、重い腰を上げることはなかった。交流したくない、対話など必要ない、と考える人々と多くの時間を一緒に過ごすことができ、和解の難しさをあらためて痛感した。

3　和解の景色

†別れて住むということ

紛争解決のイメージで、あなたが連想するのは、紛争当事者が笑顔で握手して、仲直りを約束するシーンではないか。和平合意を結んで、一緒に復興を目指す。その過程で和解が必要とされ、和解は人々が共存するうえで不可欠な人間関係や共同体間の関係性を再構築する。

だとしたら、キプロスのように南北に分かれて別々の人生を歩むことは、紛争解決とはいえないのだろうか。とりわけ、弱い立場に陥り、抑圧や差別に苦しんできた人々が、自分の人生に対する決定権を持ちたいとする欲求を押し殺すことは難しい。同時に、多数派となり構造的に支配する側に立てる強者に、驕らずに自制を求めることも簡単ではない。

人は他人を支配するために組織を作る。あるいは、他者による隷属を防ぐために徒党を組む。組織の紐帯を強固にして、相手に対抗するために、宗教や民族という仕組みを活用してきた。これが人類発展の基礎である。このDNAに刻まれた成功体験を覆すことは難しい。

もちろん、理想は以下のように描けるだろう。多数派が少数派に対等の人間として敬意を示し、彼らの自治を認める。自らの運命は自分たちで決めたい、という欲求に応える。同時に、第六章のスリランカの事例で言及した炭鉱のカナリアとして少数派を捉える。少数派が居心地のよい社会づくりに励む。情けは人のためならず。少数派が満足する社会は、多数派にとっても、素晴らしい社会となるはずだ。そのうえで、少数派が多数派の実権を認め、共存・共栄の関係を認めあう。

しかし、この理想の実現が難しい場合、少数派や弱者の欲求を満たすために、彼らの別居を認めることは、和解の一つの姿ではないだろうか。多数派や強者の自尊心を傷つけることなく、離婚を促す道が見つかれば、別居して併存するという選択肢は和解につながっていくに違いない。北キプロスを失ったという南キプロス人の自尊心に致命傷を与えないために、今でも国連はPKOを派遣して、紛争を未解決のまま冷凍保存しているのである。

紛争地を歩く知恵8

土産物の売子には注意せよ

イスラエルとシリアは、国境地帯のゴラン高原をめぐり、敵対関係にある。このゴラン高原に展開中の国連PKOに参加する自衛隊を取材したときのことだ。慶應義塾大学の草野厚教授が出演するテレビ朝日「サンデープロジェクト」の番組取材にテレビ・カメラマンとして参加することになった。そこでテレビ朝日の報道室に通い、カメラの操作法や撮影の方法を熟練カメラマンに仕込んでもらう。

「麻布警察署まで行き、入り口で、警棒を持って立つ警察官を撮影して戻ってくるように」という指令をもらう。恐る恐るカメラを向けたが、撮影しているのが見つかり、生まれて初めて職務質問をされた。事情を説明すると、お咎めはなかった。

シリアへは、東京からロンドンを経由し、ダマスカス入りした。ゴラン高原をシリア側から視察するとともに、専門家への取材も実施した。

このとき生まれて初めて「トルコ風呂」を経験した。ミストが充満する部屋に石でできたテーブルがあり、そこに全裸で横たわる。するとギリシャ彫刻のような肉体美をもつ巨人が鉄タワシ(あまりに痛かったので、鉄タワシだと思っている)で、世界一痛い「垢すり」をしてくれた。翌朝、ホテルの鏡で全身を見ると、皮膚が真っ赤に腫れあがっていた。拷問が終わると、全身をタオルで蓑虫のようにぐるぐる巻きにされ、髭面のシリア人のおじさんたち十名くらいと体育座りで円陣になった。すると甘い紅茶が振る舞われた。両手がタオルの蓑のなかに収まってしまっているので、ストローで甘い紅茶を啜った。私の存在に、おじさんたちは興味津々で、色々と話しかけてくるが、あいにく言葉が通じない。

話を戻そう。取材中に、旅慣れていなかった当時の私は、土産物の売子に捕まってしまう。頭に、布を巻きつけられた。パレスチナ解放機構(PLO)のアラファト議長がつけているような、黒いチェックが入ったスカーフだ（ケフィエやハッタと呼ばれるらしい）。無理やり買わされる羽目になってしまったが、いい土産物になると割り切っていた。これが、後で裏目にでる。

自衛隊が派遣されていた国連兵力引き離し監視隊（ＵＮＤＯＦ）が駐屯していた「緩衝地帯」を通って、シリアからイスラエル側に抜けることはできない。そこで、ダマスカスから、空路でカイロを経由してイスラエルに入国することになった。

今回の取材では、シリアを訪問後にイスラエルを訪れる計画でいたため、シリアに入国するとき、パスポートに入国スタンプを押さないように依頼していた。入国管理官は心得ていて、別紙に入国スタンプを押してくれた（出国時には、こちらの紙を提出する）。

イスラエル入国時に、入国審査官に、「わが国と交戦中の国を訪問したことがありますか」と聞かれた。事前に「ない」と答えるように助言を得ていたので、「ない」と返答。すると、「スーツケースを開けてください」といわれた。

同行者の草野先生は、すでに入国を果たし、大使館の係員と合流している姿が見えた。その二人を指差しながら抵抗を試みる。

「外に日本大使館の係員が迎えに来てくれています。私も一緒なので、私を待ってくれています。私は、今すぐに、行かなくてはなりません」

そんな私の言い分を無視して、入国審査官は私のスーツケースを開ける。例のアラファト議長の布が出てきた。「これは何ですか」と問い詰められる。「日本で買ったスカーフです」と、苦し紛れの嘘をつく。取材ノートも見つかり、入国審査官は、すべてのページに目を通していく。取材時に受け取ったシリアの大学教授の名刺が、ノートからひらりと落ちたのを、めざとく彼女は見つけ、「これは何ですか」とまた問う。「大学の先生の名刺で、以前に日本に来たことがあって、そのとき、もらったものです」と、また嘘をつく。入国審査官は、苛立つ様子も見せずに問う。

「私は、自分の職務を遂行しているだけです。なぜ、嘘をつくのですか」

「そう応答するように、大使館から指導を受けていたからです」と返答。堪忍袋の緒が切れたのか、私は別室に連れていかれることになった。

その後、一時間ほど訊問を受けた。ビデオ・カメラやシリアを取材したテープを没収されるのではないかと恐れた。しかし、幸い、最悪の事態は免れた。UNDOFで活動中の自衛隊を撮影した部分を見せて、自衛隊の取材に来たと説明して、ようやく解放された。自衛隊を取材していて命拾いをした。「テロリスト」と接触した訳ではない、とわかってもらえたようだ。

第九章

ミャンマー
——軍事政権との和解

ミャンマーの南東部のモン州で44周年を祝う式典が開催されていた。

本章ではミャンマーを取り上げる。ミャンマーでは、いまだに武力紛争が終結していない。この段階で、和解への道筋を考えるのが本章の目的だ。

ミャンマーの内戦は悪化の一途を辿ってきたわけではない。ミャンマー政府との間で独立や自治をめぐり戦っていた少数民族武装勢力のなかには、停戦合意に応じるものも出ていた。さらには、一九六二年のクーデター以来の軍事政権下にあったミャンマー政府にも民主化の兆しが認められていた。二〇一一年には軍事政権から文民政権への民政移管が平和裏に進められた。二〇一五年と二〇二〇年の選挙では、アウンサンスーチーが率いる国民民主連盟(NLD)が大勝した。

ところが、二〇二一年二月一日に、国軍がクーデターを企て、国民民主連盟の政権が奪われた。国際的な孤立を招きかねない決断を国軍は選択した。このまま軍事政権が続き、外国からの投資や貿易が途絶えれば、ミャンマーのビジネスは窮地に立たされる。ビジネスからの恩恵が受けられなくなる国軍関係者にとっても痛手となるに違いない。

にもかかわらず、なぜ、国軍幹部は、これまでの努力を水泡に帰すことにもなりかねない暴挙に出たのか。本章では、和解の失敗の理由を探る。

1　和解の背景

†内戦の概要

ミャンマー内戦は、一九四八年のビルマ連邦の独立まで遡る。中央政府と独立を目指す複数の少数民族武装勢力との間の主権をめぐる対立が、ミャンマー内戦の最も古い対立軸。

ミャンマーは平野部と山岳地帯とに分けられる。平野に居住するのが最大民族のビルマ族。それ以外の少数民族の多くは山岳地帯に居住する。ビルマ族は、ビルマ語を話す仏教徒。一方、少数民族には、キリスト教徒なども含まれる。

すべての少数民族が、独立や自治の拡大を主張してきたわけではない。しかしながら、二十余りの少数民族武装勢力が、独立や自治の拡大を目指して武力闘争を継続してきた。たとえば、中国との国境地帯にはワ州連合軍やカチン独立軍が、バングラデシュとの国境地帯にはアラカン軍が、中央政府の軍門に降ることを拒む。

他方、二〇二一年のクーデターを引き起こした対立軸も別に潜む。ミャンマー内戦の第二の対立軸は、民主化をめぐる国民民主連盟と軍部との間の権力闘争だと総括できよう。この対立

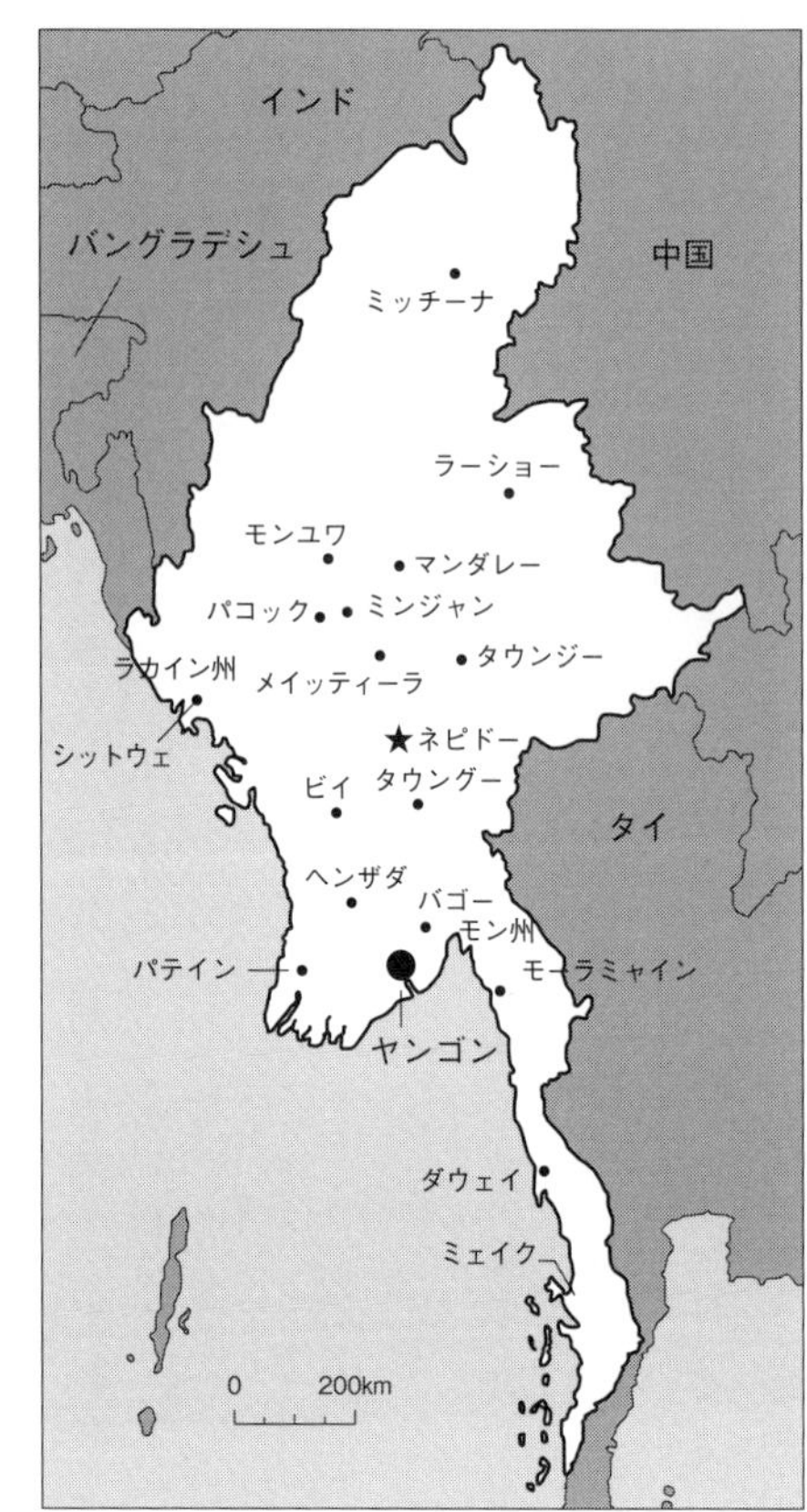

ミャンマー地図

軸は、先の民族紛争に比べれば歴史が浅い。とはいえ、ミャンマーの命運を常に左右してきた。その発端は、一九八八年八月八日に学生運動として始まった民主化運動にまで遡る（八八年八月八日なので八八八八民主化運動と呼ばれる）。

この民主化運動の旗頭として、ミャンマー独立の英雄アウンサン将軍の娘、アウンサンスーチーが、政治の表舞台に登場する。民主化の動きに押され、当時の軍事独裁政権を率いていたネ・ウィン将軍は辞任に追い込まれた。そして、一九九〇年の選挙では、国民の支持を背景に国民民主連盟が圧勝する。しかし、その後に国軍がクーデターを起こす。それ以来、ミャンマーでは軍事政権が続く。国民民主連盟の代表となったアウンサンスーチーは、軍政下で自宅軟禁の身となってしまう。

国民民主連盟は民意を背景に軍部から政権を奪い取ろうとした。それを軍部が力で奪い返す。軍部を牽制する実力が存在しない条件下で、軍部の意に反した行為を試みることはクーデターを挑発しているといっても過言ではない。力の裏づけのない民主的選挙は、民衆の期待だけを煽る。人々を和解ではなく対決の道へと誘う。

民衆の不満は、経済と深く結びつく。民衆の苦境を憂いた仏教僧侶による反政府デモ（サフラン革命）が二〇〇七年八月に発生する。このときも国軍は武力を用いて、これを鎮圧した。取材中の日本人ジャーナリスト長井健司は、ミャンマー国軍により射殺されてしまう。

†多民族国家の難題

ミャンマーは多民族国家だ。一三五にものぼる民族が、その地位を憲法で認められている。多数派のビルマ族に加えて、タイやバングラデシュ、中国といった国々と国境を接する周辺部にカチン、カレン、ワといった少数民族が割拠する。独立以来、ミャンマーでは約二十の少数民族が、中央政府に対し武力抵抗を展開してきた。つまり、国軍は天下布武の戦いを七十年以上も強いられている。

このミャンマー内戦の第一の局面において、これまで進展がなかったわけではない。一つの成果として、全国停戦合意(NCA)が国軍を中心に取り組まれてきた。反旗を翻していた勢力の約半数が二〇一八年の段階で全国停戦合意に調印していた。

二〇二一年のクーデターで注目を集めた国軍幹部と国民民主連盟との和解という課題に加えて、多数派であるビルマ族と他の少数民族との和解という局面も看過できない。ここにミャンマーの和解の難しさが潜む。

全国停戦合意は、ミャンマー国軍と少数民族武装組織との間の停戦に加えて、少数民族武装組織間の停戦も含む。しかし、国軍との停戦は保たれていても、少数民族武装組織間の闘争は絶えない。たとえば、ミャンマーの東部を支配するモン族のモン国民解放軍は、二〇一五年に全国停戦合意に加盟した。ところが、隣のカイン州に割拠しているカレン民族解放軍との間の戦闘は続く。

つまり、ミャンマーという国民アイデンティティは、少数民族を交えた形で醸成されていない。それぞれの民族集団が各個に権力闘争を展開しているのが現状だ。本来であれば、少数民族武装組織間の抗争や内輪揉めに中央政府（国軍）が介入すべきだろう。しかし、中央政府は中立的な仲裁役として、少数民族武装組織の側から信頼を得ていない。すなわち、ミャンマーにおける和解の課題として、中央政府と少数民族武装組織との和解、対立してきた少数民族武装組織間の和解が存在する。各少数民族武装組織は、それぞれが利益集団と化す。彼らの論理が、民族自決から、多民族共存に変更されない限り、和解の糸口は見えてこない。

†ロヒンギャ

さらには、ロヒンギャと呼ばれるイスラム教徒の処遇をめぐる問題もある。詳しくは、日下部(くさかべ)尚徳(なおのり)・石川和雅編『ロヒンギャ問題とは何か』（二〇一九）、中坪央暁(ひろあき)『ロヒンギャ難民100万人の衝撃』（二〇一九）、中西嘉宏『ロヒンギャ危機』（二〇二一）を参照してほしい。

この問題は、バングラデシュと国境を接するミャンマー西部のラカイン州において発生した。同州においては、多数派ビルマ族と少数派アラカン族との仏教徒同士の対立軸が存在する。くわえて、仏教徒のアラカンとイスラム教徒のロヒンギャという第二の対立軸が重なる。ロヒンギャは合法的なミャンマー国民だとは認められていない。憲法によって法的立場が明確になっている他の百三十五の民族とは違う。ミャンマーの今後を考えるうえで、ロヒンギャのような少数民族・社会的な弱者を、どのように処遇していくのか、という難題も残されている。

これ以上、本章ではミャンマー内戦について詳細を説明することはしない。関心のある向きは、次の専門書を手に取ってほしい。民主化運動については、伊野憲治『ミャンマー民主化運動』（二〇一八）。軍事政権については、中西嘉宏『軍政ビルマの権力構造』（二〇〇九）、ベネディクト・ロジャース『ビルマの独裁者 タンシュエ』（二〇一一）が参考になる。

†民主化の兆しとクーデター

二〇〇七年十月に、テインセイン将軍が首相に就任する。これにより民主化に向けた改革が始まった。二〇〇八年には新憲法が制定され、二〇一〇年には選挙が実施される。その結果、軍籍を離脱したテインセインが大統領になる。

自宅軟禁を解かれたアウンサンスーチーは二〇一五年の選挙に出馬した。この選挙では国民民主連盟が圧勝する。民政移管後初めて国民民主連盟政権が誕生する。だが、憲法の規定によりアウンサンスーチーは大統領になれない。そこで彼女は国家顧問というポストを新設し、事実上の国家元首の地位に就く。まさに、ミャンマーは平和に向けた一歩を踏み出したかに見えた。

民主化の進展によって欧米の経済制裁が解かれる。そのことでミャンマー経済は活気に溢れていく。「アジア最後のフロンティア」と呼ばれ、日本企業も進出を図ってきた。

民政移管後二回目となる二〇二〇年の選挙で、国民民主連盟が再び勝利したところで、国軍はクーデターに打って出た。このクーデターの背景については、永杉豊『ミャンマー危機』（二〇二一）、北川成史『ミャンマー政変』（二〇二一）が参考になる。

二〇二〇年の選挙に不正があり、憲法に定められた手続きに則って容疑者を拘束したと国軍は主張する。本書の執筆時においても、クーデターによって拘束されたアウンサンスーチーを始めとする国民民主連盟の指導者たちは解放されていない。軍事政権に対して抵抗の意志を明らかにした一部の民衆と、彼らを反乱分子として鎮圧しようとする軍事政権との間で武力衝突が発生した。千七百人を超える尊い命が失われ、五十万人が家を追われた（読売新聞、二〇二二）。

2 和解の旅

†アジア最後のフロンティア

首都ネピドーを訪れる。ネピドーは人工的に作り出された官庁街。もともと首都はヤンゴン（旧称ラングーン）にあった。ヤンゴン川とバゴー川に挟まれた沿岸部の中洲に位置するヤンゴンよりも内陸部のネピドーの方が気候変動による海面上昇や異常気象にも強い。しかし、遷都の理由は、米軍による艦砲（トマホーク・ミサイル）射撃から逃れるためだと噂されている。

その真意はさておき、ネピドーには政府関係機関が集まる。だが、経済の中心は依然としてヤンゴンのままだ。かつては麻薬王と恐れられたクン・サ（二〇〇七年没）が、軍事政権と停戦合意に至り、財閥のトップになった。その財閥が経営する（と現地で小耳に挟んだ情報なので裏は取れていない）トレーダーズ・ホテルは、ヤンゴンで一、二を争う高級ホテルだ。ミャンマーの財閥やビジネスマンの多くは国軍関係者と太いパイプでつながっている。実業家のなかには国軍関係者へ袖の下を渡すことによって、目こぼしをしてもらっている輩もいるそうだ。

民主化が再始動したミャンマーの人々の様子を見たくて、二〇一三年に現地を訪問した。「アジア最後のフロンティア」と呼ばれるだけあり（関、二〇二〇）、ヤンゴンは活気に溢れていた。市民の憩いの場のカンドーヂー湖畔では、炎天下にもかかわらず、語りあうカップルや家族連れを見かけた。ただし、ヤンゴン大学は閉鎖されていた。学生が集会をするのを防ぐためだという。施錠された校門には蔦が絡まる。

しかし、人々の表情は曇っていない。すでにアウンサンスーチーの自宅軟禁は解かれていた。民主化なのか、経済成長なのか、目指すところは人によって違う。しかし、明日は今日よりもよくなるという希望の光が見えていた。

国民民主連盟の本部は賑やかだった。人々の出入りも激しい。本部の周辺にはTシャツや帽子など記念品を売る露天商が並ぶ。私はロンジー（腰巻布）と生成り（きなり）のインジー（シャツ）を購入した。国民民主連盟の支持者は、好んで質素な無地のシャツを選ぶのだ。売り子は、これで私も正真正銘の国民民主連盟の支持者になったと太鼓判を押してくれた。

公共の場で、国軍に対する支持や批判を聞くのは忍びない。外国からの訪問者に、そんなことを聞かれても、周囲の目を憚るのが関の山だ。本音は聞けないだろう。そこで、タクシーに乗るたびに、運転手に尋ねてみることにした。

「八十八年から筋金入りの国民民主連盟支持者だ」と自慢げに話す運転手もいた。

「軍事政権を支持するかだって？　野暮なことを聞くんじゃない。俺たちは、民主主義のために闘ってきたんだ」

政治的信条とは別に、日々を暮らしていくお金を稼がないといけない。これも現実だ。「軍事政権を批判しても飯が食えるわけではない」と語る運転手もいた。

しかし、政治向けの話はしたくない、と拒む運転手は一人もいなかった。むしろ、過渡期を迎えつつあったミャンマーで、将来のことを語れる喜びを味わっていた。そのように、私は感じた。運転手は男性ばかりだったので、意見に偏りはあるだろう。しかし、車内は密室。本音が聞けたと思う。

†束の間の平和

二〇一〇年よりミャンマーでは民主的な改革が始まる。軍事政権から文民政権への移行も完了していた。二〇一五年の政権移行も平和裏に進んでいた。日本に逃れていたミャンマー人たちは、「今回は真剣に帰国を考えている」と期待を膨らませていた。

テインセイン大統領の時代に進められた改革路線が実を結びつつあるようだった。権力中枢における国軍と国民民主連盟との間の和解が進むように思われた。同様に、民族対立の側面についても、テインセイン大統領が推進した全国停戦合意に前進の兆しがうかがわれた。

そこで二〇一八年に全国停戦合意の履行状況を確認するために、再びミャンマーを訪れる。もちろん、民主化の動きが後戻りしないかを確かめたい気持ちもあった。

ミャンマーには大統領府直轄組織のミャンマー平和センターがあった(二〇二一年二月のクーデター以降は閉鎖)。このセンターが、モン州において全国停戦合意を普及させる取り組みをしているという。早速、レンタカーを調達し、ヤンゴンから南東に進む。

モーラミャインというモン州の州都で全国停戦合意の普及活動を視察した。その活動に対するモン族の住民の関心は、必ずしも高くない。二〇一八年二月十三日に新モン州党が全国停戦合意に署名したばかりとは、とても思えない平穏な日々を過ごす。そして、州境には何の検問

ミャンマーの南東部のモン州でミャンマー平和センターが全国停戦合意（NCA）について周知をしていた。

もない。いつの間にかモン州に入っていた。警察官すら見かけない。
道中、軍人の姿を見ることもなかった。

なお、モン族は、モン国民解放軍と新モン州党など複数の集団に分かれて、互いに鎬を削っている。モン族のように、各少数民族が一枚岩でない場合も多い。これは、和平の前途が多難な要因の一つだ。

†仏教門徒ネットワークとZ世代

モン州では面白い行列に遭遇した。出家をする何十人もの子どもたちが象に乗って寺院まで行列を作っている。付き添いの家族などを含めると総数は約二百人。ミャンマーでは、男子がある年齢に達すると、出家して一定期間を寺で過ごす。そのまま寺院に残る子ども

ミャンマーのモン州で見かけた象の行列。出家する子どもたちを寺院まで運ぶ。

もいるが、修行を終えると還俗するのが習わし。

似たような風習を太平洋の島国パラオでも見かけた。男子は、ある年齢に達すると、家を出て村の他の男子たちと集会場で共同生活をする。このイニシエーション（通過儀礼）を経ることで、同胞意識が高まるという。

ミャンマーの平和を考えるとき、寺院を中心に形成された門徒ネットワークは、非常に重要になってくる。出家した男性の大部分は還俗するとはいえ、影響力のある高僧は、この門徒ネットワークを有効に活用できる。この仏教徒のネットワークや僧侶の門徒への影響力は、ロヒンギャの問題において、厄介な問題を引き起こす。仏教の僧侶が先頭に立ってイスラム教徒であるロヒンギャの排斥運動を煽動したのだ。

Facebook などのSNSの普及によって、都市部で民主化デモに参加するZ世代と農村のZ世代との間にあったギャップは埋まりつつあるのかもしれない。そのことは、Z世代がSNSで横につながりながら、自由、民主主義、人権などを求めて、ミャンマー各地で抗議行動を展開していることからもうかがえる。彼らは、欧米や国際社会との連帯も強める。一方で、伝統的な価値観に基づいて生活する地方のシニア世代とのギャップは、広まりかねない。ミャンマーのZ世代が、二十一世紀の水戸天狗党とならないことを願う。

†なぜロヒンギャは差別されるのか

ロヒンギャの問題は、新しい課題を突きつけた。SNSの普及とともに、フェイクニュースが拡散される。SNSは煽動の道具と化す。SNSを用いた情報戦が、ロヒンギャをめぐる国際的な争点となったことは記憶に新しい。そこで、フェイクニュースに惑わされないために、ミャンマーに住むイスラム教徒の声を自分の足で集めてみようと考えた。

ヤンゴン市内では、まず、ハラル・フードを提供するレストランに通う。ハラル・フードとは、イスラム教で定められた適切な手順で処理された食品を意味する。ハラル・フードを提供するレストランの主人や客には、イスラム教徒が多い。彼らに、ロヒンギャのことをどう思っているのか聞いてみた。

もちろん、本音が聞けたわけではない。しかし、レストランの主人の話は、とても意外で、考えさせられるものだった。

「彼らのせいで、これまで上手くやってきた私たちに悪影響がでないか心配しています。彼らと同じイスラム教徒として見られたくありません。私たちは合法的ミャンマー市民です。非合法の彼らとは違います」

同情的な意見が出ると思っていた私は、めんくらう。単にイスラム教徒だからロヒンギャが差別されているわけではない。レストランの主人の主張を要約すると、そうなる。

ちなみに、ミャンマー国内には六種類の合法的なイスラム教徒の集団が居住している。ではなぜ、それほどまでにロヒンギャは忌み嫌われるのか。百三十五の少数民族の存在を憲法が保障しているにもかかわらず、また合法的に市民権を与えられているイスラム教徒がいるにもかかわらず、なぜロヒンギャは、合法的な集団と見做されないのか。複雑な歴史的背景や政治的な意図が裏にはある。ここでは歴史的な経緯を紹介しておく。それは大英帝国による植民地政策の遺産といってもよい。インドとビルマは大英帝国の支配下に置かれていた。ビルマ人の土地に英領インドから人々が移住してきた。不足する労働力を補うためだといわれている。

つまり、大英帝国の植民地支配下でインドから移住してきた人々が、ロヒンギャの祖先だと、ミャンマーでは認識されている。その認識のもとで、ミャンマー国民を構成する諸民族（ミャンマーの先住民族タインインダー）の一つにロヒンギャは含まれない、という判断が独立時になされた。ロヒンギャはラカイン州の北西部に集中して居住する。その数は約百万人。ラカイン州の総人口の三分の一にあたる（北川、二〇二一）。他にも政治的、社会的な理由があるとはいえ、この点が、彼らが脅威と見做され、排斥の対象になった理由だ。

ロヒンギャの問題は、ミャンマーで活動する国連職員にとっても外交的な配慮が欠かせない課題の一つ。国連職員たちは、自分の発言に神経質だ。一様に口が重い。日本人の知人が国連職員としてミャンマーで働いていたので、話を聞く。

「ミャンマー政府がロヒンギャという民族集団の存在を認めていない以上、国連職員は、公式にはロヒンギャという呼称を使えません。ロヒンギャ危機が発生しているのは、ラカイン州なので、ロヒンギャ危機のことをラカイン州での問題と言い換えたりして対応しています」

アウンサンスーチーが国家顧問に就任し、国民民主連盟が政権を担った後でも、状況は変わらない。政権のトップに就任した彼女が、初めて公の場でロヒンギャについて見解を述べたのは、二〇一八年九月十九日。「すべての人権侵害と暴力を非難する」としつつも、「治安部隊は作戦遂行で行動規範を厳格に遵守している」とした（北川、二〇二一）。

政府との協力関係を基盤に支援活動を続ける国連職員は、あからさまに政府批判をすることができない。他方で、慎重に対応すれば、クーデター後の軍事政権下においても、人道支援を展開する余地は残されている。最も大変な状況下にある、ロヒンギャの人たちの苦境を少しでも緩和させるために努力を続ける。現実には制約が多いなかで、自分たちの使命は何かということに関しては、ぶれない国連職員の姿は眩しい。

†人道支援原則

人道支援には大きく三つの原則がある。

第一原則は人道主義。困っている人々がいるから助けるという大前提のこと。支援を提供する人の意向（供給者側のニーズ）ではなく、支援を受ける人々の意向（受益者側のニーズ）が優先されなくてはならない。

第二原則は公平性。支援をするうえで差別を禁じる原則。反政府勢力だけを助けたい。女性だけを助けたい。子どもたちだけを助けたい。キリスト教徒だけを助けたい。このように被害者のなかでも特定の人たちのみを対象とした援助は、人道支援とは呼べない（もちろん、それらは援助であることに変わりはないが、人道支援の定義からは外れる）。

第三原則は中立性。支援を提供する立場の者は、政治的に中立を維持することが求められる。たとえ自分個人の意見としてミャンマーの軍事政権の行為や政策に対して納得できなかったとしても、その個人的な意見や心情に基づいてミャンマー政府を批判することは、中立性の原則から逸脱することになる。軍事政権と民主化勢力とが対峙しているなかで、援助を必要としている人たちに人道支援を届けたいのであれば、双方から出禁にならないことが不可欠だ。そのためには、紛争当事者双方のいずれに対しても中立的な態度を示し続けなくてはならない。大事なのは、第一原則でも示されたとおり、困っている人たちに必要とされる援助を届けること。第三原則は、それを可能にする条件である。

第三原則を厳密に守る組織に赤十字国際委員会（ICRC）がある。他方で、第三原則に関しては異なった見解をもつ組織も存在する。ルワンダの虐殺を目の当たりにした国境なき医師団（MSF）は、その一つ。虐殺を眼前に、抗議することも告発することもできないとしたら、それはもはや第一原則の人道主義に反するのではないか。国境なき医師団は、そう考える。

国連難民高等弁務官事務所（UNHCR）など国連の人道機関の場合には、世界人権宣言や国連憲章で保障された人間の基本的な人権を脅かすような行為に対して目をつむることは、理念的に許されない。実際には現実の制約のなかで、トレードオフを勘案しながら、最大限できることを実現しようと日々苦渋の決断と努力を重ねている。

ただし、国連の任務は人道支援だけではない。他にも異なる目的の実現を目指す多様な組織を内包する。その代表例は、人権擁護を目的とする組織だ。たとえば国連人権理事会では、ミャンマー政府による一般市民の弾圧を糾弾している。これを国連内の矛盾と捉えることもできる。同時に平和の実現に向けた役割分担として積極的に捉えることもできるだろう。

コラム11 居酒屋にて

ミャンマー北部カチン州の州都ミッチーナでは、エーヤワディー川の河川港や川の畔の盛り場（ビアサインと呼ばれる居酒屋）や屋台に立ち寄った。政治体制の変動期に庶民が抱いている緊張感や期待感を肌で感じ取りたかったからだ。

ミャンマーの国民料理には、モヒンガーと呼ばれるカレーラーメンのようなものがある。ミッチーナではミッチーナモヒンガーを注文した。ヤンゴンで食べたモヒンガーは、極細ビーフンだったが、こちらは太麺だ。

人々が一日の労働を終えて一杯やっている盛り場では、明るい笑い声が絶えない。ミャンマーには複数のビールの銘柄がある。人々は、ミャンマービール、マンダレービール、ダゴンビール（他にもあるが、私が飲んだのはこの三銘柄）を飲んでいた。日中は暑い。だから、仕事の後の冷えたビールは格別だ。近くではカチン独立軍と国軍とが対峙しているにもかかわらず、人々は日常を楽しむ。こんな基本的なことに気がついた。

私の姿を見かけると、手招きをして「一緒に飲もう」と誘ってくれた。そして、ビールのつまみとして、手羽先を注文してくれた。

軍事政権に対して辛辣な批判や政治的な主張をするのは、意識の高い一握りのインテリだけかもしれない。多くの労働者は、日々の生活に精一杯だ。そして一日の労働を終えた後の一杯のビールを楽しむ。そんな庶民の日常は、日本とあまり変わらない。

そんな彼らのひとときの幸せを壊したくない。だから、政治的にきわどい話を聞くことはやめた。「最近の生活はどうなのか」「仕事は忙しいか」「外国人旅行者をよく見かけるのか」「近所に、お勧めのレストランはあるか」こんな質問をしながら会話を楽しむ。

ちなみに、モヒンガーは日本でも食べることができる。ミャンマーのビールも飲める。リトルミャンマーと呼ばれる高田馬場には、何軒かミャンマー料理屋が軒を連ねる。ぜひ立ち寄ってほしい。

3 和解の景色

†軍事政権と民主化勢力の和解

ミャンマーに平和は訪れるのか。この問いに対する答えは、複雑な連立方程式を解く過程で見つかるだろう。その最大の難関として、ミャンマーの国軍幹部と民主化勢力との間に和解は実現できるのか、という問いがある。

では、両者の和解とは、実際に両者が、どのような関係を構築することなのか。平たくいえば、ミャンマーの平和のために両者が一致団結して国づくりを目指す。国の発展のために協力すればよい。

そのための道筋として、何を想定すべきか。国民の代表が、国家運営の舵を握り、国軍がそれを支える。こんな国の形が想定されていないだろうか。もちろん、この役割分担の構図は、自然な姿として受け入れやすい。そのような国家体制に馴染んでいる私たちの感覚としては当然だ。それに、ミャンマーのような軍事政権は、二十一世紀には流行らない。第二次世界大戦以降の一時期は、軍事政権下にあった台湾や韓国も、今では民主化を遂げている。

しかし、世界は広い。いろいろな政治体制の国がある。大別すれば、君主制と共和制になる。さらに、統治形態は、独裁、民主制、軍事政権などに細分化できる。政体が変わることも珍しくはない。たとえば、民主化運動が内戦に発展したネパールでは、王政が廃止された。

軍事政権といえば、日本も源頼朝から徳川慶喜まで鎌倉幕府、室町幕府、徳川幕府と武家政権が続いた。二十一世紀の日本の感覚では、武家政権はありえない。だからといって、ミャンマーの平和を実現する政治体制の選択肢から排除すべきではない。

†和解を妨げたもの

二〇二一年二月のクーデターは、国軍幹部と国民民主連盟指導部との政治的な和解が不十分であったという厳然な事実を突きつけた。ミャンマーの将来を考えるうえで両者の和解は欠かせない。なぜならば、国内外から人権侵害を糾弾されかねない国軍幹部が、自らの命運が尽きるような動きをするとは思えないからだ。彼らは軍事力を握る。たとえ国民を敵に回しても、国軍幹部に引き下がる動機はない。権力から遠ざかれば、特権を失うからだ。人権侵害などの余罪で拘束されるかもしれない。一歩間違えれば、命だって失いかねない。

他方で、国民民主連盟には、国軍に対抗できる実力がない。民主社会では、国民の支持は力になる。しかし、軍事政権下では、国民の支持があるからといって、民主化勢力の思いのままに政治は操れない。互いが相手にとって脅威とならない形に落ち着く以外に、ミャンマーには平和は訪れないだろう。

しかし、文民政治家たちは、国軍幹部との協力的な関係を築くことに失敗した。とりわけ、アウンサンスーチーの頑なな姿勢に、当初は宥和的だったミンアウンフライン国軍司令官も態度を変えざるを得なくなったという。

二〇一五年の政権移行の過程を見る限りにおいて、両者の和解は難しいようには見えなかった。しかし、二〇二〇年の選挙での国民民主連盟による再度の圧勝を受けて、国軍幹部がクーデターを画策したということは、両者の間に政治的な和解が十分にできていなかったということを示す。それでは、なぜ、和解に向けた機会の窓が開かれていたにもかかわらず、国軍幹部と民主化勢力は、互いに歩み寄ることができなかったのか。

結果からいえば、国軍幹部は、クーデターに打って出ることで、リスクを回避しようとした。国民の支持を背景に、国民民主連盟が一層の改革を推し進めることが、国軍にとってのリスクだと受け止めた。アウンサンスーチー国家最高顧問とミンアウンフライン国軍司令官の間で話しあいがもたれたが、国軍にとって魅力的な代替案が示されることはなかった。さらには、かつてとは異なり、たとえ欧米諸国から経済制裁を受けたとしても、ミャンマーには中国やインドからの投資や援助の道が残されていた。

では、国民民主連盟のどのような動向が、国軍幹部にとってリスクだと受け止められたのか。アウンサンスーチーを筆頭に、国民民主連盟の面々は、軍事政権下において不当な拘束を受け、その政治活動は弾圧されてきた。だから、国軍幹部に対して恨みや反感あるいは憤りといった感情を抱いていてもおかしくない。

民主化が進み、彼らが選挙で圧勝した。これで国軍幹部と立場が逆転したと考えたのかもしれない。そして、これまでの恨みを晴らそうとした。二度と国軍幹部が幅を利かさないように工夫を凝らす。たとえ民主化が進んだとしても、政治に影響力を及ぼす仕組みを国軍は用意していた。国会議員に国軍枠を設けることが、その一つ。このリスク回避策を否定するように、国民民主連盟は、国軍枠の撤廃を視野に入れた憲法の改正を論じた。

政治には権力闘争がつきものだ。しかし、平和を築くためには、権力闘争を意識的に乗り越えなくてはならない。軍事政権下で犠牲者となった文民政治家たちが、国家運営において軍部と協力体制を築いていく。国軍幹部に対する復讐は諦める。これが現実的なシナリオだった。だが、復讐の代わりに協力することは簡単ではない。さらに、国民の篤い信頼を背景に誕生した民主政権では、国軍に対して安易な妥協を示せば、国民の信頼を裏切ったと批判されかねない。政治家であれば、自らの最大の支持基盤を失いかねない愚行は慎むだろう。しかし、その愚行こそが、政治的和解に通じる道なのだ。

†鍵を握る政治的和解

ミャンマーの和解では、国軍幹部の処遇が鍵を握る。国軍が犯した過ちの全責任をミンアウンフライン国軍司令官に負わせるという幕引きが考えられよう。そのためには、現在の国軍幹部を打倒する改革派が国軍内で台頭し、民主化勢力の後ろ盾になることが必要だ。

インドネシアの場合、政変において流血を見ることなく国軍内での権力奪取が成功した。重要なのは、一般民衆が巻き添えになることなく、権力の移行が平和裏に完了すること。

　他の選択肢も考えられる。ミンアウンフラインとアウンサンスーチーが現役を引退し、次世代の軍民のリーダーたちが挙国一致政府を樹立するというものだ。そのためには、国軍と文民政治家とが協力できる枠組みが必要になる。

　この政治の中核での和解が実現して初めて、多数派ビルマ族と独立や自治を求める少数民族武装組織との和解も議題に載せられる。ミャンマー政府とロヒンギャとの和解については、その交渉の延長線上に位置づけられるだろう。

　軍事政権と民主化勢力とが和解することになったとして、多数派と少数派との和解は、どうしたら実現できるのか。法の支配に基づく平和を目指すのであれば、少数派の権利を保障するための立法措置が、まず考えられる。その根幹は、憲法において少数派の権利を規定することだ。

　ミャンマーの憲法が規定する一三五の先住民族（タインインダー）に、ロヒンギャを位置づけていくことが一つの手段となるだろう。また、憲法に規定されているものの、いまだに独立を目指す諸民族との和解では、彼らの自決権・自治権をより尊重する「連邦制」の導入が鍵になる（眞鍋、二〇一八）。

紛争地を歩く知恵9　許可されている境界ギリギリを目指せ

ミャンマーについて面白おかしく理解するには、泣く子も黙る早稲田大学探検部出身の高野秀行の著作を読むとよい。高野は、抱腹絶倒だけどためになる話を書く天才だ。

日本の時代小説が好きな人は、『ミャンマーの柳生一族』（二〇〇六）がオススメ。自らアヘン中毒者となり死にかけた渾身のルポ『アヘン王国潜入記』（二〇〇七）は、ミャンマー国軍や外部の人間が立ち入れない辺境の地の実態を描き出す。

高野は、『謎の独立国家ソマリランド』（二〇一三）で、講談社ノンフィクション賞を受賞するなど、多くの賞を受賞している。私は、この本に登場するソマリア人をゼミ生に迎え入れる栄誉に浴した。

私がミャンマーを訪問したのは、軍事政権下の真っ只中ではない。二〇一一年以降に国軍出身のテインセイン大統領が、民主的な改革を推し進めていた時代だ。さらには、アウンサンスーチー率いる国民民主連盟が選挙に勝利し、いよいよ民主化が本格的に始動すると思われた時期にも、再び訪問した。しかし、実際には国軍の影響力が強く、事実上の軍事政権下と呼んでも差し支えない。

治安上の理由で、少数民族武装組織と国軍とが武力闘争を展開している地域への立ち入りは禁止されていた。しかし、主要な観光名所への渡航は、外国人には許されていた。そこで、渡航が許可されているギリギリの辺境の都市、カチン州の州都ミッチーナーまで足を運ぶことを試みた（高野の定義では、「辺境」に入らないレベルだが）。

ミッチーナーには、第二次世界大戦中に日本軍が進軍した。英軍との激戦地となり、多くの将兵が亡くなったため、慰霊碑が立つ。戦友を鎮魂する旧日本兵や遺族による慰霊の旅として日本人が訪れることも珍しくない。私が訪問したときは、少数民族武装組織のカチン独立軍とミャンマー国軍との間で一時停戦が合意されていた。私の経験では、ミッチーナーでの滞在中は、まったく治安上の問題はなかった。

ミッチーナは辺境の街とはいえ、カチン独立軍は山岳地帯を支配圏とし、河川周辺の平地にはビルマ族が多く居住する。そのためか、多数派の人々にとって、軍部の影響力が強いという事実は、たいした不都合ではなかったのかもしれない。これが少数民族武装組織の支配地域でも同じとは限らないだろう。

終　章

現場で考える和解への道

オスマン帝国の少数民族だったアルメニア人が強制移住や虐殺の被害にあった。
アルメニアとトルコの国境は閉ざされたまま。

1　見聞録を振り返る

本書は和解の見聞録として、私が世界の紛争地で見聞きしてきたことを綴った。本書を閉じるにあたり、見聞録から何を教訓として学べるのかを考えたい。本書が扱った紛争地の事例から、和解を阻んできた障壁を浮き彫りにする。障壁を乗り越える道を探り、和解の処方箋を示す。まずは以下で、カンボジア、南アフリカ、インドネシア、アチェ、東ティモール、スリランカ、ボスニア・ヘルツェゴビナ、キプロス、ミャンマーでの和解の実相を振り返っておく。

†カンボジアの和解

和解の取材の旅を開始した第一章のカンボジアは、一九七五～七九年のポルポト派による大虐殺を経験した後に、隣人同士の和解が主要なテーマとなった。

あまりにも多くの人々が犠牲となった。時の経過で虐殺の首謀者の多くは、今はもうこの世にいない。さらには、過去の惨事ではなく、現在の生活や経済成長が、人々にとっては、より切迫した課題となった。

フン・セン政権による権威主義的傾向が強まるなか、野党政治家や人権活動家などの関心は、過去の汚点ではなく、現在の脅威に向けられた。犠牲者や遺族は、過去の禍根を水に流したわけではない。かといって、瘡蓋(かさぶた)を引き剝がし、過去の痛みを再燃させるような愚行を誰も率先してやろうとはしない。心に蓋をして、心の細波を、やり過ごす。トラウマがフラッシュバックしてこないように、現在の問題に全集中することで、負の感情を一時的に意識の外に追いやろうとしている。これが、カンボジアの和解の素顔だ。

†南アフリカの和解

次に経由した第二章の南アフリカでは、多数派が少数派の自治と繁栄を認めて共存する。

アパルトヘイトという差別的な政策や法律は消えた。しかし、タウンシップを囲む物理的な壁は、社会的な壁の象徴として残る。私的空間では、互いが境界を越えずに並列した関係を維持してきた。

南アフリカでは、少数派が富を寡占するのを貧しい多数派は許す。しかし、経済成長に翳りが見えれば、この富の偏在は火種となって燻り出すだろう。かといって、改革を誤れば、経済全体が失速して、不満の矛先が少数派の存在に転嫁されかねない。

絶えることのない緊張関係の調整が、南アフリカ社会には求められる。和解の素顔は、完了することのない、無期限の関係再構築にある。

†インドネシアの和解

第三章では、インドネシアが開発独裁から民主化を経る過程に焦点を当てた。独裁者スハルトと独裁体制の犠牲者となった人々との間に和解がなされたのかを検討した。民主化の原動力となったのは民衆の経済的な不満だった。アジア通貨危機は、まず民衆を直撃した。彼らを困窮に追いやる。一部のエリートに富が集中し格差が広まっていた事実が白昼に晒される。民衆の不満と学生の熱量の高まりに軍部が加担することで、独裁体制の崩壊が現実のものとなった。

インドネシアの民主化の過程では、正義の追求という和解の一面が置き去りにされた。経済的に成長し続けることで、人々の不満を軽減していくことが、和解の具体的な方法だった。そして民主化が独裁の犠牲者たちの不満の捌け口となった。民主化が正義を代替したのだ。

†アチェの和解

第四章のアチェの場合は、すでにインドネシア政府と自由アチェ運動の首脳部との間で和解が達成されていた。自由アチェ運動に関わった人々が、再び武器を手に取って分離独立を目指すことはない。

皮肉にも、インドネシア政府が、アチェの独立を認めなかった要因の一つとなっていた天然資源は枯渇していく。他方でインドネシアは急速に経済成長を遂げている。今やアチェに暮らす市井の人々にとって、分離独立よりもインドネシアの一員として、ともに繁栄を享受する方が理にかなった選択肢となっているのだ。

自由アチェ運動を率いたハッサン・ディ・ティロは、すでにこの世にいない。幹部たちは、政治家として転身を遂げた。彼らには、過去の憎しみを再燃させる道理や功利はない。むしろ、エリートたちは新しい体制に自らの権益を組み込むことに忙しい。

人間社会には、対立を好む者、敵を作り、敵を攻撃しないと気がすまない人間、自らが被害者意識に取り憑かれ、相手を許すことや過去を水に流すことができない人々がいる。時間の経過を待ったとしても、そのような人たちが、いなくなることはない。しかし、彼らが多数派となることは、今のインドネシアでは考えにくい。

とはいえ、世界にはポピュリズムの嵐が吹き荒れている。その嵐のなかでも、右肩上がりの経済成長によって、国民の不満を解消し続けるかぎり、和解は維持されていく。

ただし、このような和解の関係は未来永劫続くわけではない。状況が変われば、感情の閾値も連動して変動する。そのときに、柔軟かつ正確に潮目を読み、適切な対応を施すことで、共存の関係を維持していくしかない。だとすれば、アチェの和解の素顔は、経済成長と政治の調整力に支えられたものといえる。

†東ティモールの和解

第五章で経由地となった東ティモール。ここの和解は二つの局面に大別できた。インドネシアとの和解については、政治的な妥結が図られた。全責任は独裁者スハルトに転嫁された。

もちろん、火種が消えたわけではない。とはいえ、憎悪の感情が、東ティモールの犠牲者からインドネシアに向けられることは、少なくとも現時点ではない。和解を担保する神話が作られたからだ。インドネシア市民も独裁に喘ぎ苦しんだ。共通の弾圧者を思い描き、犠牲者としての連帯が強調される。

闘争に身を捧げた者にとり、復讐よりも独立できたことが重要だった。独立こそが正義という論法が成り立つ。

他方、東ティモール人同士の和解は、独立直後の東ティモール社会を大きく揺るがす。隣人同士が殺しあった傷は、容易には癒えない。伝統的な手法を用いて修復的正義が追求されたとはいえ、負の連鎖が断ち切られたと評価するのは時期尚早だろう。権力を寡占してきた政治エリートたちが、天然資源から得た経済的な利益を、広く人々に振る舞うことで、人心を掌握していただけかもしれない。

東ティモールの和解は、一面は、独立という代償を得たことで満たされた。もう一面は、人々が平和の配当を受け取ることで実現した。それが和解の素顔だ。

†スリランカの和解

第六章で歩いたスリランカ。国軍の武力制圧によって反政府勢力のタミルの虎は滅亡した。それにより、スリランカは安定を取り戻す。人々が内戦の負の遺産を忘れたわけではない。相手が犯した罪を許したわけでもない。しかし、タミルの人々は、自らが弱い立場にあることを痛感した。敗戦によって、そのような構造的な階層性を受け入れざるを得ない状況にあることを自覚した。

現在の少数派そして社会的弱者としてのタミルが、構造的弱者の立場から脱するために、多数派のシンハラとの関係を逆転させようとしない限り、この脆弱な安定は続く。

しかし、タミルの反応は、シンハラが選ぶ政府の政策に大きく左右される。和解が視野に入るためには、民主主義の名を騙る多数派による圧政を抑制することが肝心だ。タミルを炭鉱のカナリアとして迎え入れる度量が、シンハラ社会にあること。これが和解に不可欠な条件だ。

内戦終結後のスリランカ政府の対応を見る限り、少数派に優しい社会づくりが選択されてきたとは言い難い。

†ボスニア・ヘルツェゴビナの和解

第七章では旧ユーゴスラビアのボスニア・ヘルツェゴビナを訪れた。この地では人々が三つの民族に分かれて血で血を洗う争いを繰り広げてきた。隣人同士で殺しあいをしてきた人々が、また同じ鞘の元に戻れるのか。争いの種となった民族という「想像の共同体」は、それぞれが自らを囲う柵を乗り越えて、和解することができるのか。これらの問いを検討した。

内戦の終結により、クロアチア系とボスニア系は連邦を形成するも、互いが融和していく様子はない。セルビア系に至っては、スルプスカ共和国という自分たちの国をボスニア・ヘルツェゴビナ国内に作ってしまった。各民族は、高い壁で遮られているわけではない。しかし、互いに干渉しないまま隣りあわせの生活を送る。

もちろん、三民族を束ねる政治機構は存在する。だが、各民族は統合や和解といった取り組みに汗を流すのではなく、それぞれの独自性を高める方向に歩んでいる。

和解の象徴として、モスタルの橋は修復された。人々はその橋を簡単に往来できる。サラエボの市場や広場では、平和な日常が戻ってきた。しかし、その日常からは、紛争の残滓は消えない。丘陵に累々と並ぶ白い墓標、弾痕でチーズのようになった建物の残骸が常に網膜にこびりつく。和解とは残虐な過去を忘れることではない。しかし、和解の本質が許すことだとしたら、過去の負のイメージは和解を妨げてはいないか。ボスニア・ヘルツェゴビナへの旅を通じて、こんな疑問を抱く。

†キプロスの和解

第八章では分断が半世紀に及ぶキプロスを訪れた。国連が敷いた緩衝地帯を行き来した。分断が固定化された状態から和解が生まれるのかを考察するためだ。一方で、南北を分ける壁には多くの穴が開く。そこからたくさんの市民の交流が生まれてきた。他方で、分断された生活は、それぞれの共同体を超えて、かつての同胞との和解を試みる気持ちを萎えさせた。

少数派のトルコ系住民、とくにその政治エリートたちが、南北が統一した世界で、今まで以上の権勢を振るえるのかが焦点となる。常に多数派からの抑圧に耐え、妥協を重ねるくらいであれば、たとえどんなに小さくても一国の主人でいたほうがいい。となると多数派のギリシャ系は、少数派の意向を尊重して、彼らに十分な権利を保障しなくてはならない。それは多数派政治家の支持層には、不必要な妥協と映る。トルコ系との和解を目指せば目指すほど、彼らは支持を失っていく。

この現状は、一九六四年から展開中の国連PKOの存在によって保たれてきた。現状を維持することは、平和を維持することともいえる。だが同時に、南北の楔として打ち込まれた国連

ＰＫＯが撤退すれば、新しい関係をギリシャ系とトルコ系は膝を突きあわせて話しあわなくてはならない。しかし、その対話は人気がない。切迫感もない。キプロスでは、平和を優先することによって和解が避けられてきたともいえるのだ。

†ミャンマーの和解

第九章で訪問したミャンマーは、和解どころか停戦も実現できていない。まずは、停戦に向けた合意を取りつけなくてはならない。そこで取り組むべき優先事項は、国民民主連盟と国軍幹部との政治的な和解だ。ミャンマーの国家運営を考えたときには、単に両者が共存するだけでは不十分。両者がパートナーとして挙国一致で国づくりに励まなくてはならない。

くわえて、多数派と少数派の民族関係においても和解が欠かせない。少数派が独立を放棄するためには、彼らがミャンマー国内に留まりたいと願うような施策を多数派が取り入れていかなくてはならない。これが多数派と少数派の間の和解を促す前提条件となる。

しかし、この条件の達成は、二重の意味で難しい。国民民主連盟が国軍幹部を権力構造のなかに取り込む。あるいは国軍幹部が国民民主連盟の役割を見直し、二人三脚を推進することが一方で求められる。ところが、現実には、国民民主連盟と少数民族武装組織とが、国軍幹部を排除するために、共闘態勢を形成している。

シンハラ語（上段）、タミル語（中段）、英語（下段）の３言語で「二度と破壊は許さない！」と書いてある。

「敵の敵は味方」の論理は、カンボジアでも見られた。しかし、この論理が支配的なうちは、紛争は泥沼化してしまう。スリランカのように、非道な暴力を応酬しあえば、対話による解決が遠のいていく。ミャンマーでは、和解の素顔は、まだ窺い知ることができない。

2 和解を阻む障壁

†紛争の要因としての権力闘争

本書の前半で取り上げたカンボジア、南アフリカ、インドネシア、アチェ、東ティモールの場合では、宗教対立が紛争の主要な原因となったわけではない。東ティモールは、対インドネシアとの関係で、イスラム教徒vsカトリック教徒という対立軸が生まれた。しかし、宗教の違いは、「民族」の違いの主要な因子ではあれ、紛争の要因になっていたとは言い難い。複数存在する紛争の火種のなかから、どの火種が引火するのかは、紛争によって異なってくる。

民族の対立として語られている紛争も、もとを辿れば、一部のエリートの間に起きた権力闘争であったという場合が多い。

もともと、他民族に敵対心すら持っていなかった民衆が、エリートたちが引き起こした抗争に巻き込まれ、武器を手にし、攻撃の標的になってしまうことはよくある。

たとえば、旧ユーゴスラビア内戦時に異民族の女性を狙った集団レイプは、異なる集団に憎しみや怒りの情念を植えつけ、敵対的な関係を決定的にした。このような場合、私たちは、その原因を単純化する癖がある。旧ユーゴスラビアの惨事を「民族紛争」や「民族浄化」という言葉で総括してしまう。すると、民族、宗教、イデオロギーに関係なく、人々が対立に巻き込まれたという加害者と被害者の構図が、私たちの意識のなかで希薄になっていく。

インドネシアには、ジャワ、スンダ、バタック、バリなど多様な民族が共存する。アチェでは、土着のアチェ人と移住者の非アチェ人との関係で対立が生じていた。しかし、最大の亀裂は、中央政府の政策とアチェ人のエリート一派との対立が原因で生じてきた。この対立の根源を紐解けば、自分の正当な利権（利益と権利）が、他者によって不当に奪われているという認識がある。それは、多数派が少数派に抱くときもあれば、その逆もある。

アチェでは、アチェに埋蔵されている天然資源から生じる富の分配を定める権利（自治権）が、中央政府によって、不当な介入を受けているという認識が存在した。

スリランカでは、英国の植民地下で定められた制度は、多数派のシンハラにとって望ましくないとされた。彼らは不当な譲歩を強いられたと考え、制度を本来の姿に戻そうとした。それは、少数派から見れば、正当な権利を奪われることになる。畢竟（ひっきょう）、両者の対立が激化していく。

どちらの社会においても、利権を握るのはエリート層。その恩恵を一般民衆が受けることは稀だ。しかし、対立が激化し、分断が深まることで、同胞意識が芽生えてくる。双方の暴力の応酬が続くことで、多くの人々が、紛争に巻き込まれていく。

家族に、友人・知人に、そして、一度も会ったことのない「想像の共同体」の同胞に犠牲者が生まれることで、相手に対する恐怖や怒りの感情が湧く。このような感情は、人々を暴力へと駆り立てる。そして、武力闘争が激化し、長期化していく。

この負の連鎖は、本書で取り上げた事例で観察できた。インドネシアとアチェ、インドネシアと東ティモールとの関係にも見てとれた。ミャンマーにおいても、負の連鎖は解かれることなく続く。クーデター後の民主化勢力の弾圧に注目が集まるなか、中央政府に反旗を翻す少数民族の抵抗やラカイン州で見られる仏教徒によるロヒンギャの排斥運動が止んだわけではない。

他方、南アフリカでは、不当に虐げられてきた多数派が、少数派を「許す」ことにした。そのことで正義の追求ではなく、和解が優先された。その成果として、民族融和が実現したわけでもなければ、心理的・社会的隔離がなくなったわけでもない。民族対立の要因となった富の集中に基づく経済格差も埋まっていない。

しかし、多数派の政治エリートが、政治の主導権を握ることができるようになったことは、和解を促した。つまり、民衆を煽動し、抵抗運動を率いた者たちが、権力の側に搦め取られることで、政治的な和解は実現できた。

肌の色という表面的な見かけの違いで、私たちは民族を分けてしまう。しかし、その内実は、永遠に続く権力闘争だ。権力を握りたい者が、あるいは、権力者に靡いて、その果実を分けてもらいたい者たちが、「民族」「宗教」「階級」「イデオロギー」など同胞意識を利用して、徒党を組む。彼らが勢力を増せば、権力者は脅威に感じ、彼らを弾圧する。

「民族」「宗教」「階級」「イデオロギー」が、自らと他者との境界線を鮮明にする「錦の御旗」となってきた。そこに民衆の不満が募っていれば、「錦の御旗」を掲げることで、彼らを煽動することはたやすい。

†和解を阻んだ強硬姿勢

二〇〇四年のスマトラ島沖大地震は、インドネシアのアチェに甚大な被害をもたらす。アチェの場合は、大津波からの復興を梃子に和平合意に漕ぎ着けた。この地震による大津波は、スリランカにも押し寄せている。ところが、スリランカでは、大津波からの復興という経済的な打算は、和平合意につながらなかった。

東ティモールの地方では、リアナイン（中央と向かって右の人物）の伝統的権威の復権を通じたコミュニティ和解が取り組まれた。

アチェの場合は和平合意に至り、スリランカでは和平合意に至らなかった。なぜなのか。その理由は、タミルの虎が、あまりにも多くの残虐なテロ行為に手を染めていたことにある。和平実現後に彼らが合法的かつ正当な存在として、スリランカの平和構築や復興に携わる道が見えなかった。

タミルの虎の幹部と同じような境遇は、カンボジアのポルポト派幹部にも見出せる。ポルポト派は、パリ和平協定では正当な役割を与えられていた。にもかかわらず、彼らは道半ばで和平プロセスから離脱する。自らが犯した数々の非道のため、彼らが和平後の新しい社会において正当な地位につくことができないと判断したからだろう。彼らと同様に、タミルの虎の幹部にも、将来への明るい展望が見出せなかった。そのため最後には同胞を道連れに破滅の道を選んでしまう。

つまり、紛争当事者を追い詰めれば追い詰めるほど、彼らは過激な手法に手を染め、身を引いたり翻意したりする機会を失ってしまうのだ。それは、彼らが平和な社会での自画像を描くことを不可能とし、彼らを破滅に追い込む。

†民族や宗教の違いは和解を妨げるのか

本書の後半では、民族や宗教の対立が引き起こした紛争後の和解について検討してきた。ボスニア・ヘルツェゴビナの事例では、民族の境界線が宗教の境界線と一致していた。そのため、この内戦では、民族対立の文脈に宗教対立の側面が混ざりあう。

ただし、スリランカの内戦は、宗教対立として語られることは少ない。タミル系住民の多くがヒンズー教徒で、シンハラ系住民の大多数が仏教徒というように、民族と宗教の境界線が一致していた。また、ヒンズー教の寺院の隣に仏教寺院が建立されたことはあった。しかし、宗教の違いは紛争の要因ではない。むしろ内戦終結後に新たに顕在化したイスラム教徒との対立軸では、宗教的価値観の対立の側面が際立つ。

キプロスの場合は、ギリシャ系住民がギリシャ正教徒、トルコ系住民がイスラム教徒として、鮮明に分けることができる。ただし、ギリシャ系もトルコ系もキプロス人は世俗的な人々。宗教的対立という側面は、あまり意識されてこなかった。

ミャンマーの民族分布は複雑で、多数の異なる民族集団が混在する。多数派のビルマ族は仏教徒だ。少数民族の側は、キリスト教徒やイスラム教徒の場合が多い。ミャンマーにおける宗教は、民族の主要なアイデンティティの一面を飾る。だからといって、彼らは宗教を争点に対立しているわけではない。

もちろん、紛争の要因は一般的に複雑であることが多い。宗教の違いだけが紛争の要因になることは、むしろ稀だ。したがって、本書で焦点を当てたスリランカ、ボスニア・ヘルツェゴビナ、キプロス、ミャンマーの内戦が、宗教的対立によってのみ発生したと断定するとしたら、それは短絡的に過ぎる。

†和平のための理論

和解の処方箋を導き出す前に、和平が実現していないミャンマーについて触れておく。ミャンマーでは、国軍幹部と民主化勢力との和解が急務だ。どうしたら、両者が対立するのではなく、協力する道を選ぶのか。この疑問を解くための理論は、大きく二つに大別できる。第一の理論群は、意思決定者は合理的な判断をするという前提に立脚している。第二の理論群は、意思決定者は第三者から見て合理的な選択肢を必ずしも選ぶとは限らないという仮説に立つ。

前者の理論は、さらに二つに枝分かれする。一つはリスク回避。もう一つは、より魅力的な代替案の発見である。リスク回避の理論では、戦争を継続することで想定されるリスクが、戦争に勝利することから得られる利益に勝るときに、意思決定者は戦争継続以外の選択肢を検討し始めるというものだ。

典型例は一九六二年のキューバ危機。ケビン・コスナー主演の『13デイズ』(二〇〇〇)では、ジョン・F・ケネディ米大統領が、ソ連との第三次世界大戦を回避する決定を下した過程が描かれる。

戦争(の継続)によって得られるものが、よりコストやリスクの低い別の方法で手に入れられる場合、意思決定者が合理的な判断をするのであれば、戦争(継続)は回避される。これが魅力的な代替案理論の基本的な考え方だ。

日露戦争の終結過程が、その一例として挙げられよう。セオドア・ルーズベルト米大統領の仲介により、日露はポーツマス条約を結び、戦争は終結した。吉村昭『ポーツマスの旗』(一九八三)が、ロシアとの交渉に臨んだ小村寿太郎外相の視点からポーツマス講和会議の駆け引きを描く。

他方、第二の理論群では、意思決定者が合理的な判断を下すために必要な情報を持ち得ていない点を指摘する。相手の戦闘継続に対する意志の強さ、戦場での勝敗の行方、国際社会の反応など、実際に不確定要素は多い。

さらには、意思決定者は、戦争（継続）を正当化するために、自国民を鼓舞したり、相手側に対する敵意を醸成したり、相手側の脅威を誇張したりしてきたはずだ。これらの措置が仇となって、意思決定者は、政治的にも心理的にも、戦争の回避や終結を言い出せない状況に陥ってしまう。

戦時下のような非常事態や危機的な状況では、強いリーダーシップが国民から熱望されることが多い。戦争回避や終結は、野党や国民から軟弱だと批判される。そうすれば国内の権力闘争に敗れてしまうかもしれない。

ポツダム宣言を受諾するか否かをめぐる御前会議において、徹底抗戦を主張する陸軍強硬派や日本の降伏を阻止しようと動いた反乱分子の存在は、半藤一利『日本の一番長い日』（二〇〇六）において克明に描かれている。

すべてを失う覚悟で、起死回生の策を期待し、戦争を継続するのか。それとも、これ以上の損失を避け、残されたものを守ることを重視するのか。

過去の犠牲を勝利のための「投資」と捉える限り、戦争を終結してしまうと、その投資が

「埋没費用」となって回収できなくなる。和平を促すには、埋没費用の束縛から解放され、戦争を終結していれば得られたはずの機会費用に視点を移す必要がある。

ただし、このような認知枠組みの変更は、意思決定者が置かれた状況や精神状態に、大きく左右される。ナチス・ドイツの場合は、アドルフ・ヒトラー総統の死によって、戦争は終結した。大日本帝国の場合は、昭和天皇による「聖断」により戦争終結が実現した。

†軍の文民統制を確立する

競争の原理や力関係が重要になってくる政治の世界で、どうしたら両者が対立ではなく協力する道を選ぶことができるのか。

明治維新は、薩長同盟による軍事クーデターとして始まった。武家が武家政権の息の根を止めた過程は興味深い。王政復古によって新たな権力を創出し、秩禄処分を通じて既得権益を握った武家を解体した（落合、二〇一五）。そして、国家の軍隊を、天皇を頂点に再構築していく。大久保利通や伊藤博文のような維新の志士が、天皇、宮家、公家と連携して新政府を樹立する。その過程で、一部の武士が文官に転身していく。

ミャンマーにおいても、軍部が握る既得権益の解体と国軍幹部の政治家への転身、軍人出身の政治家と民主化勢力とによる共同国家運営が、鍵を握るのではないか。

国際社会が圧力をかければ軍部を追い込むことはできるだろう。四面楚歌の状況を作れば、軍部は折れるかもしれない。同時に、そのような圧力が効く保証はない。逆に圧力が裏目に出て、軍部による弾圧や人権侵害が一層深刻になる恐れも拭いきれない。そうなれば、国内外で軍部の指導者を罰せよとする声が高まるだろう。それは、彼らを頑なにさせてしまう。

軍部の軟化を促すうえで、イソップ寓話の「北風と太陽」が示唆に富む。旅人に上着を脱がせるために太陽の光を浴びせるのか。それとも、北風が旅人の帽子を吹き飛ばしたように北風を強く吹かせるのか。

つまり、軍部が軟化し、改革を主導したり、民主化を支持したりするためには、何が有効な手段なのか。ミャンマーのような状況下で和解を考える出発点は、この点にある。

軍隊という実力組織を支配下に置く国軍幹部が、文民政治のもとに降り、法の支配に従うには、どのような仕掛けが必要か。

インドネシアのスハルト独裁、フィリピンのマルコス独裁を支えていたのは、独裁者に従う国軍だった。スハルト独裁政権と国軍と民主化勢力との三つ巴の関係については、第三章で議論したとおりだ。ここで押さえておきたいことは、独裁政権を支えたのも、止めを刺したのも、軍部だったという事実だ。

もちろん、独裁体制が崩壊するにあたって、民衆による民主化運動が引き金となった。しかし、独裁政権を支えていた国軍が独裁者を見限り、民衆の側に味方しなければ、一九八九年の中国の天安門事件のように民主化運動は軍によって鎮圧されていただろう。

では、インドネシアとフィリピンの民主化勢力は、いかにして国軍の支持や協力を得ることができたのか。

すべての責任を独裁者に負わせ、独裁を下支えしたはずの将軍たちは、独裁者が打倒された後も権力の中枢に残ることに成功した。彼らは虎視眈々と権力奪取の機会を窺っている。インドネシアのスハルト独裁を支えたウィラント陸軍参謀長、フィリピンのマルコス独裁を支えたフィデル・ラモス国軍参謀次長は、それぞれ民主化後の政権においても国軍参謀総長や国防大臣などの要職を務めた。ラモスの場合は、マルコスに反旗を翻した功績で、後に大統領に選出されている。

3 和解の処方箋

†和解への道筋

和解の旅も、いよいよあと少しで終着駅に到着する。本書を閉じる前に、和解に向けた一つの処方箋を提示してみたい。この処方箋が唯一の道ではない。和解の旅は起点と終点が定まった一本道ではないからだ。私たちの血管のように、さまざまなルートが考えられる。

では、どのような道を切り開いていけばいいのか。終着点は、対立を生み出したシステムの欠陥が改善された状態。だとすれば、従来の紛争解決の取り組みと重なりあう。それは、法の公平な適用、法の下の平等、法の支配を確立していくことにつながっていく。人々が不満を抱き、憤りを感じるような、不正・不条理を減らしていく営みが、和解の実現に役立つ。それは、紛争予防にもつながる。

不正・不条理が常態化した社会システムには構造的暴力がつきものだ。だとすれば、システム全体を捉えた改革が求められよう。患部の摘出手術ではなく、関係性のリハビリと体質改善を視野に入れた総合的な対応が欠かせない。

それには、原点に立ち戻ることが先決だ。そもそも、どうして、民族間の対立や分断が生じてしまったのか。そこまで遡って対策を講じなくてはならない。敵意や憎悪のもととなった過去の関係を洗い出す。植民地時代の分断統治による負の遺産が尾を引く場合もあるだろう。同時に、もともと存在した対立関係が利用されたのだとすれば、植民地主義だけに責任をなすりつけることは避けるべきだ。

†権力闘争の穏健化と民衆の不満解消

紛争によって強調された「違い」を認めあい、人々が共生する社会を形成するためには、権力闘争の穏健化（エリート間での分け前の共有）が必要だ。

手打ちにした内容を制度化した法の支配の確立も欠かせない。ただし、この法の支配は、私たちが一般的に認識しているものと少し違う。この時点・文脈での「法」とは、一般国民を対象としてはいない。エリート間の権力や利権の分け方についての合意を成文化したものに過ぎない。法とは、彼らが闘争をせずに自動的に分け前を得るための最低限のルールだ。法の支配とは、ルールを守るという同意（紳士協定）に基づく平和維持といってもよいだろう。

ただし、エリートのみが果実を享受する社会では、いずれ民衆の不満が高まる。経済的な危機に直面すれば、それは一揆や革命につながる。フィリピンやインドネシアでは、経済的危機が民主化への呼び水となって、独裁体制を打倒した。

つまり、エリートによる法の支配の実現とともに、民衆の不満を解消していかなくてはならない。それは、経済成長に伴い担保されてきた。マルコスやスハルト独裁のように、一部の特権階級のみに過度に富を集中させてしまえば、民衆の不満の解消にはつながらない。他のエリートに付け入る隙を与えてしまうだろう。

さらに、分断され、対立していた人々を無理に混合させることは避ける。適度な距離を置き、相互に不干渉を貫く共存状態を維持する。人々の憎しみ、恨み、悲しみは、簡単には消えない。時間的な距離、物理的な距離、精神的な距離を保つことで、感情が刺激されることを防ぐ。

†和解の第一歩

ただし、このような状況を作ることは、和解に向けた第一歩に過ぎない。現在のカンボジア、南アフリカ、インドネシア、アチェ、東ティモール、スリランカ、ボスニア・ヘルツェゴビナ、キプロスは、その第一歩を踏み出すことができた状況だといえよう。

武力闘争や対決が終わったことの政治的な区切りとして、選挙、政権交代、真実・和解委員会、特別法廷などの象徴的な取り組みが試みられてきた。「想像の共同体」の構成員たちが、興奮し、激昂しているなか、これらの象徴的な取り組みは、加害者側の禊ぎ、被害者側の感情の封印にとって役に立つ。

ただし、人々が隣りあわせで住む村落レベルでの和解は、国家レベルの政治的な和解によって封印できるとは限らない。

たとえば、東ティモールでは、政治的な和解を伝統的な儀式で補うことが試みられた。都市部においては、伝統的な秩序が壊れ、しきたりが破られていることが多い。そのため、伝統的な手法が効果的とは限らない。そこで、中央では政治エリートを権力構造に取り込み、利権を共有する道が選ばれた。彼らを手懐け、満足させることで和解の前提条件を整えていく。

しかし、地方であれば、伝統的権威の復権の可能性は高い。ときに、迷信（先祖の祟り、天罰など）、掟、慣習などが、復讐を抑止してきた。敗者が共同体に復帰する術も与えてくれる。

ただし、和解は簡単ではない。カンボジアで出会った元兵士は、常に感情を封印しながら暮らしていくことを余儀なくされるかもしれない。また、虐殺に加担した元ポルポト派の場合は、二十年過ぎた今でも村八分の状態が続く。結婚式、葬式、収穫祭など共同体の人々が集う場に、彼の姿はない。復讐として暴行を受けることもなければ、陰口をたたく村人もいない。生きていくための仕事を与えられないわけでもないようだ。しかし、彼の社会的存在は、村民から無視されたままだ。ポルポト派として大虐殺に加担した人々は、過去を偽り、隠し、あるいは村八分の境遇を耐え忍ばなくてはならない。

もちろん、このような状態をもって、加害者と被害者とが和解したとはいえまい。状況が変われば煽動をされかねない憤りの種は、人々の心に宿ったままだ。しかし、火付け役がいなければ、火種が燃えさかることはない。火付け役になりかねない不満を抱えたエリートの台頭を予防することが大切なのだ。そして、平穏な日常生活を送るなか、それぞれの心にわだかまる不協和音の残響が消えていくことを待つ。

†民主主義は和解を促すのか

最近では、民主主義体制と権威主義体制との対立が中国の台頭を受けて注目を集めている。たとえば米中の対立についても、米中の表向きの政治体制だけを見れば、民主制vs一党体制という見方もできるだろう。しかし、この政治制度の違いをイデオロギー対立とする考えは、冷戦時代の遺物だと思う。冷戦時代においても、イデオロギー対立に見えたものの核心は、「敵の敵は味方」の論理だったのではないか。

では、政治体制についての正解はあるのか。民主制は和解を促すのか、それとも妨げるのか。社会全体の和解を考えたとき、民主制が効果的ではないという結論に達したとして、他の選択肢があるのか。

「民主主義は最悪の政治形態といえる。他に試みられたあらゆる形態を除けば」とはウィンストン・チャーチル英首相の言葉だ。これを信じてよいのか。民主制が悪いのか、資本主義が悪いのか。それとも、金融政策などの特定の政策が悪いのか。本書で結論は出せない。しかし、これらの問題も吟味する価値はある。

一般論として、一つの国家のなかで、複数の宗教が共存することは可能だ。ただし、一つの宗教を信奉する団体が、他の宗教に対して、極端に非寛容な場合には、信仰をめぐる争いに発展していくだろう。

ところが、一つの国家の政治体制として、一党独裁と民主制が共存することは難しい。立派で強い野党が存在するときには、与党による一方的で強引な政策が実現される可能性は低い。他方で与党に対抗できる十分な野党がいない場合、多数派の圧政がまかり通ってしまう。もちろん、圧倒的な多数を得た与党が、健全で公平な政策を推し進めることができれば、それは安定につながるだろう。しかし、人間の弱さは、権力を握れば高慢になってしまうところにある。勝利を得れば傲慢になりかねない。成功を収めれば、足ることを忘れて強欲になる。

権力の相互牽制の仕組みや批判・言論の自由にはマイナス面もある。だが、そのマイナス面を補う有益な機能を社会において果たす。かろうじて実現できたもろい和解を強固なものとし、長続きさせていくためには、炭鉱のカナリアを風見鶏とする民主主義の定着が必要になる。

†国際社会の役割

このような考えが的を射るものであるとしたら、和解を促すための国際社会の努力は、どのようなものであるべきか。

まずは、権力闘争を穏便に運ぶ仕組み作りを手伝う。その観点から、紛争当事者の停戦合意を促す。紛争が激化すると、和平の実現が厳しくなるからだ。紛争が泥沼化し、血で血を洗う殺しあいが繰り返されれば、和解は絶望的になる。

停戦を実現した後には、どのような役割が国際社会に期待されるのか。筆頭に挙げられるのが、劣勢に立つ者を含め、すべての当事者たちが、健全な役割を果たすことができる戦後の政治体制の構築を手伝うことだ。内戦中は、生き残りを賭けた戦いが続く。この闘争の論理を共存の論理に組み換えるためには、停戦後は、敗者となっても命を奪われず、正当な役割を社会のなかで果たすことができるような仕組みが担保されなくてはならない。

長期的には、異なる共同体や利益集団の間での利害調整を国家権力が果たすことが期待される。そのときに国家は中立的であることが求められるだろう。ただし、中立的な立場というのは、何か固定的な見方があるというよりは、当事者との絶えざる交渉の結果として成立するものだ。つまり、和解とは不断の調整を経て維持されるものなのだ。

そこに第三者が絡む。世の中には、和平や和解を促すことを目的としない第三者も跋扈している。自らの利益を追求するために介入する第三者もいる。仲裁ではなく、対立を助長することを目的とする第三者も少なくない。法の支配を守り、秩序を維持するため、違法者を罰し、国際社会の連帯を維持しようと考えるのは、利他的な行為とは限らない。正義に固執する限り、対立は泥沼化することを人類は学んできた。

しかし、共感できる正義を掲げなければ、人々は戦いに身を投じない。アフガニスタン、イラク、リビア、シリア、ウクライナ。大国は、自らの正義を振りかざして軍事介入を繰り返す。そのなかで国連は機能不全に陥っている。

一九五六年のスエズ戦争では、自国の利益を追求した旧宗主国の英仏が、イスラエルと組んでエジプトと戦火を交えた。新しい超大国の米国は、その威信を旧勢力である英仏に見せつけた。戦争が長期化すればソ連に侵攻の隙を与えかねない。アラブ諸国が親ソ連になることも防がなくてはならない。つまり、平和の使徒としてではなく、戦略的打算を動機に米国が仲裁した。この事例は、どの国も自国の利益を追求したとしても、和平をまとめることができることを示す。

だとすると、国際秩序や国際法を重視したい欧米諸国によるウクライナへの武器供与は、紛争の激化と長期化を助長するため、和解の観点からは得策とはいえない。スリランカ式解決法が示唆する教訓は、泥沼化した紛争が終結するには、一方の軍事的勝利を待たなくてはならない、というものだ。

同時に、私たちは、別の歴史からも学ぶことができる。ベトナム、アフガニスタン、イラクに軍事介入した米国の撤退は、現地の内戦における一方の軍事的勝利を導き出した。つまり、軍事介入した大国が撤退するまでは戦闘は続く。屍は増え続ける。

カンボジア、アチェ、スリランカでは、武力闘争が終結したことで、無辜(むこ)の市民が戦争に巻き込まれて命を落とすことはなくなった。負け組にとっては、不本意な結果かもしれない。しかし、エリートの権力闘争に駆り出されて一般民衆が巻き添えになるリスクは大幅に減った。もちろん、真の意味での和解は達成されていない。権力に従わない者の人権は蹂躙され続ける。とりわけ、野党政治家、ジャーナリスト、人権活動家は、危険に晒され続けてきた。同様のことはミャンマーでも見られる。

†日本の取り組み

日本の支援の特徴は、ODAを梃子に、和平合意を結ばせようとする点にある。戦時下では、日本の経済的支援は期待できない。しかし、和平が実現できれば、復興支援として、日本の支援が約束される。「平和の配当」を和平合意の呼び水として用いることができる。

どのような紛争でも日本にとっては、戦闘終結が最重要。それ以外の和平合意の中身に関しては、日本政府は干渉しない。和平交渉の側面支援に徹し、交渉の内容には立ち入らない。これは、起死回生の具体策を日本政府が持ち得ないからなのか。他人の揉めごとに第三者が深く立ち入ることをよしとしないからなのか。理由は明らかではない。

現地に詳しい地域専門家を、日本政府が十分に活用できていないからだとする指摘もある（堀場、二〇一三）。それは、日本政府に助言すべき地域専門家が、政治的に機微な問題に関与することを避ける傾向があったことに起因する。

もちろん、ODAの拠出にあたり日本政府が援助計画を策定する過程で、地域専門家は知見を共有してきた。和平を希求する地域専門家がいないわけではない。スリランカ和平を、熱意をもって追求した中村尚司(ひさし)龍谷大学教授は、その筆頭として挙げられよう(福永、二〇一三)。

しかし、現地を深く知ることで研究が成立する地域専門家にとって出禁となってしまえば、研究者生命を絶たれたも同然だ。テロリストや反政府勢力との仲裁にかかわるのは、得策とはいえない。あるいは、研究者としての矜持が邪魔をしているのかもしれない。客観的分析を担うのが研究者の務めであり、政策的な問題を扱うことは野暮だとされてきた。第三者は、側面支援や後方支援に徹するべきで、当事者間のやりとりに口を出すべきではない。このような考え方が支配的だったことが、日本の地域専門家が仲裁を担うことを邪魔してきた。

4 和解の旅の終わりに

†過去からの解放

世の中には色々な人がいる。和解を受け入れられる人、過去を乗り越えられる人もいれば、謝罪や反省ができない人もいる。過ちを許せない人もいるだろう。もっとも弱い人間に合わせて物事を考えないとダメなのかもしれない。ただし、社会の底辺の人たちは生きることに忙しい。和解の問題について悩んでいる余裕はない。日々を生きることで精一杯の人々は、思索にふける時間などない。過去に煩わされている暇などないというのが正直なところだろう。

アチェやスリランカで人間の盾にされた人々。誰が統治したって生活は変わらないと嘆く東ティモールの農民。この人たちに和解は必要なのだろうか。和解を迫る意義はあるのだろうか。彼らは誰との和解を求めているのか。そもそも和解をめぐり悩んでいる余裕はあるのか。

和解とは、犠牲者が過去と訣別する意志をもつことによって実現する。だとしたら、他人が当事者の意志に反して和解を促すことは傲慢かもしれない。しかし、彼らを過去の呪縛から解き放つことができるのなら、過去と向きあう作業を手伝うことに意義はある。

本書を締めくくるにあたり、和解とは何なのか、和解には何が必要なのか、もう一度、考えを整理してみたい。和解とは、争いを経験した人々が日常を取り戻すことに他ならない。過去のわだかまりが、現在を生きていくうえでの障害にならないこと。これが、平和構築の文脈で和解を捉えるときに、一番大事な点だ。

過去が将来の可能性、共生、協力を縛らないこと。つまり、過去からの解放が大切なのだ。では、過去に囚われなくなるためには何をすればよいのか。

†和解の終着駅

過去に囚われることなく、日々の仕事ができ、食事を楽しみ、不平不満やストレスによって心が潰されなくなること。それが和解の結果として、私たちが求める日常の姿だ。

相手の罪を許すことと忘れることは違う。人によって許すことの方が難しい場合もあれば、忘れることの方が苦しい場合もあるだろう。どのような手段を用いても、あるいは、どのような道筋をたどったとしても、日常を取り戻せることができれば、まずはよしとしよう。憎しみの連鎖を断ち切ることに重きを置こう。次の世代に苦しみをバトンタッチしてはいけない。怒りの記憶や悲しみの感情を、世代を超えて継承しないことが大切だ。相手を追い込み、糾弾・批判すれば和解は遠のく。

では、慈悲と寛容の心で許すのか。それとも、自分を苦しめ続ける感情を捨て去ればよいのか。煩悩の火を吹き消し、心の安らぎを得ることが、仏教でいう悟り。その境地は、まさに和解が達成された状況を示しているようだ。

しかし、それは釈迦や聖人、あるいは心の強い人にしかできない所業だろう。負の感情が閾値を超えないように、私たちの心を制御するためには、そういった心の強い人たちの基準で和解を考えてはいけない。大多数の人たちが選べる方法をたくさん用意しておくことが重要なのだと思う。道は一つに絞られるべきではない。

戦後日本は、まず空腹から逃れること、復興すること、経済を発展させることを優先した。人々は来る日も来る日も忙しく働いた。所得倍増計画は、まさにそのようなことを実現するための希望の星だった。

つまり、悲しみを乗り越え、憎しみから生じる負のエネルギーを、労働・成長といった正のエネルギーや価値観へと置き換えていった。その過程で米国との和解が実現できた。

広島県原爆被害者団体協議会理事長の坪井直（二〇二一年没）は、自分の人生を変えてしまった原爆が憎かったという。そして原爆を頭上に落とした米国のことが許せなかった。戦後に広島市を訪れる米国人の観光客を見かけるたびに、踵を返したという。観光客には責任はないことが頭ではわかっていても、心は穏やかではない。わだかまりが解けるまで半世紀を費やした。

もちろん、何年たっても悲しみや憎しみを忘れられない人たちはいる。批判や糾弾の声は消えることはないのかもしれない。不安や不満を抱えた人々が、この世の中からいなくなることはないだろう。しかし、彼らの声が大勢に影響を与え、かつての敵が、また刃を交えることにならなければ、それでよしとしよう。その意味では、和解の素顔は、消極的な平和だといえる。

しかし、消極的な平和が実現できなければ、悲しみ、怒り、憤り、憎しみ、妬み、そういった感情の渦から脱して、一気に積極的な平和へとワープすることはできない。真実を知ること、正義を追求することで和解を実現しようとしてきた。そのような真実・和解委員会や特別法廷の試みは、希望の星となり得たであろうか。それとも煩悩の火に薪をくべただけだったのか。

あとがき

自分が当事者ではない紛争の状況を理解しようと、第三者は紛争を分析する。あるいは、書籍を読み、映画を観る。しかし、現地に足を運び、この目で状況を見ることは、書籍や映画からの知識やイメージとは違うレベルの発見をもたらす。客観的な分析からは読み取れない文脈を、現地を訪れて肌で感じ取ることができる。

もちろん、当事者への取材は、主観や感情が渦巻くなかで試みられるため、取材のみで全体像を客観的に捉えることは難しい。問題の一面に切り込むことができるだけかもしれない。当事者が本音をすべて語ってくれるわけでもない。また、通訳の助けを借りなければ、ろくに話を聞くこともできない場合も多い。

私は、研究者という立場に加え、実務家という立場から、現地を訪れることで、客観と主観を絶えず往復してきた。それぞれの手法の長所を組みあわせ、短所を補うように努めた。とりわけ、東ティモールに対しては、二十年以上にわたり関与してきた。平和構築の事業を現地の人々と実施することで、人脈を作り、信頼関係を育んできた。

また、大学の教員という立場から、アフガニスタン、スリランカ、インドネシア、東ティモール、フィリピン、カンボジア、ミャンマー、ソマリア、ネパール、バングラデシュ、パキスタンなどの紛争を経験した地域からの留学生を意図的に受け入れてきた。彼らとの交流は、私の研究をより地に足のついたものにしてくれたと思う。

二〇〇六年にアフガニスタンを訪問したことは、本編で短く触れた。当時は移動中に「テロのリスクが高まりました。注意して行動してください」と日本大使館から連絡が頻繁に入り、気が休まることはなかった。

本書執筆中の二〇二一年八月には、カブールがタリバンの手に落ち、アシュラフ・ガーニ大統領は国外へ脱出した。この脱出劇は、徳川慶喜が鳥羽伏見の戦いにおいて、大坂城を抜け出したときのようだった。

米国は同年八月末に完全撤退を宣言していた。その前に怒濤の勢いのタリバンが、勝利を手にする。砂上の楼閣のようにあっけなく、アフガン国軍は総崩れとなった。

タリバンは錦の御旗を掲げていたのか。実は、私がアフガニスタンを訪問した当時から、錦の御旗はタリバンの手にあると目されていた。なぜならば、米国が力ずくでタリバン政権を倒し、傀儡政権をカブールに打ち立てたことは、アフガニスタンの多くの人々にとって明らかだったからだ。

もちろん、傀儡政権が主張した民主主義や女性の権利は、一部のアフガン人に受け入れられた。しかし、それらが、外部の征服者から押しつけられたという点において、大多数のアフガン人が納得するものではなかったのかもしれない。いずれにしても、時間はタリバンの側にあると囁かれていた。米軍は遅かれ早かれ撤退するのだから。それが、いよいよ現実のものとなったのだ。

日本も含め米国とともにアフガニスタンの国家建設に関与していた当事者は、自己の意識や認識に反して、占領統治に加担していると、現地の人々から見られていた。

その証左として、在アフガニスタン日本大使館は、武装した傭兵によって警備されていた。この傭兵たちは英国特殊部隊の経験者であり、民間軍事会社から派遣されていた。大使館内で勤務する日本人外交官たちは武装していない。しかし、彼らは武装した護衛に囲まれていなければ、仕事ができない状況だった。この状況が、錦の御旗が、どちらの側にあったのかを物語っていよう。支援をしているはずの日本人が常に身の危険と隣りあわせ。移動にはヘルメットを被り、防弾チョッキを身につけ、防弾車に乗り込む。とても歓迎された客の身なりとはいえまい。アフガニスタンでは、力で平和を築くことの限界を痛感した。

コロナ後の世界では、本書で取り上げた和解について何が変わるのか。最大の変化は、個人の自由をどれだけ尊重していくのか、に対する人々の価値観の揺らぎに見られるだろう。人類や国民といった集団の全体解を追求するのであれば、民主主義を掲げ一人ひとりの自由を認める社会は、短期的には、もろいことが露呈した。

二大政党制は熟議ではなく、分断を招くことが白日のもとに晒された。

紛争後の社会において、拙速な選挙の導入は、和解ではなく、対立を激化することが懸念されて久しい。形骸化する選挙。多数派の圧政を招く最大多数の最大幸福を追求する価値観は、紛争直後の分断された社会だけでなく、和解をしたかに見えた社会においても、過去の亀裂を再び表面化させかねない。

他方で、権威主義的体制下で、中央による厳格な管理や制限が課せられた社会は、その政策を誤れば、人々の不満の高まりを助長しかねない。その反動として、不満分子の取り締まりが厳しくなる。

カンボジアでは、三千名あまりが新型コロナ感染症によって命を落とした。ミャンマーでは内戦が続いているにもかかわらず、死者数は二万人程度に抑えられている。ところが、民主化と経済成長を謳歌していたインドネシアでは、その数は十五万人を超えてしまう。もちろん、各国の人口は異なる。たとえば、死者数だけでいえば、総人口百三十万人の東ティモールのコロナ死者数は、約百三十名ともっとも少ない。

政策だけでなく、医療体制なども死者数には関係してくることは疑いの余地がない。よって、以上の記述で何かを主張しようとしているわけではない。人を殺すのは紛争だけではない。病からも人命を守ることができなくてはならない。至極当然のことを言いたいだけだ。

世界を揺るがしたのはコロナ禍だけではない。二〇二一年二月に発生したミャンマーの軍部によるクーデター、同年八月のタリバンによるアフガニスタン全土の掌握、二〇二二年二月のロシアによるウクライナの侵攻は、私たちに、現在の国際関係のあり方、とりわけ国際秩序の維持について、根本的に問い直す必要性を改めて突きつけた。

コロナ禍のような国際社会が一致団結して対応に臨まなくてはならない危機的状況下に、世界の主要な大国は、互いに中傷合戦に終始した。ロシアに至っては他国への軍事侵攻という暴挙に出た。

国際平和と安全に責任をもつはずの国連安全保障理事会常任理事国が、協力して地球規模の課題の解決のために尽力するという虚構は、すでに崩壊寸前だ。第二次世界大戦の戦勝国と敗戦国という枠組みを起源とする国際秩序は風前の灯となった。

米国と中国の対立や米国とロシアの対立。この二つの対立軸における和解が実現されないのであれば、国際社会の安定も平和も繁栄も実現するのは難しい。この大局的な和解が不可能であるとすれば、可能なのは局地的な和解、あるいは束の間の和解になってしまうだろう。

これまでの和解に向けた取り組みは、個人の自由という基本的価値観に基づいた世界観のなかで追求されてきた。国際社会の現実は、このようなアプローチの限界を浮き彫りにした。

このままでは、国際社会の基盤的論理が、古典的な地政学や権力政治へと復古してしまう。個人の自由よりも、集団の利益、社会全体の利益を追求すべき状況があるという、現状認識が優位に立つ。このことは、犠牲者や社会的弱者の個人的な恨みや憎しみよりも、和解を通じて得られる集団や社会の利益を優先させる論理が優勢になることを意味する。

ただし、被害者意識を抱く人々に対し、力でねじ伏せるだけが道ではない。本書の事例が示したように、実際には、さまざまな道が開けている。そして、和解の障壁を効果的に取り除くためには、必ずしも民主制である必要はない。敵対していた勢力が、ともに生きていくことができれば、和解へのイバラの道は開けていく。

参考文献

明石康『「独裁者」との交渉術』集英社新書、二〇一〇年
明石康『カンボジアPKO日記——1991年12月〜1993年9月』岩波書店、二〇一七年
東佳史「インドネシア、アチェ独立運動除隊ゲリラ兵士とその再統合——大水流れ来たりて　わが魂に及べり」JICA、二〇〇八年
阿部利洋『紛争後社会と向き合う——南アフリカ真実和解委員会』京都大学学術出版会、二〇〇七年
アーレント、ハンナ（大久保和郎訳）『エルサレムのアイヒマン——悪の陳腐さについての報告』みすず書房、二〇一七年
アンダーソン、ベネディクト（白石隆・白石さや訳）『定本　想像の共同体——ナショナリズムの起源と流行』書籍工房早山、二〇〇七年
池田維『カンボジア和平への道』都市出版、一九九六年
伊勢﨑賢治『東チモール県知事日記』藤原書店、二〇〇一年
伊藤述史『民主化と軍部——タイとフィリピン』慶應義塾大学出版会、一九九九年
伊野憲治『ミャンマー民主化運動——学生たちの苦悩、アウンサンスーチーの理想、民のこころ』めこん、二〇一八年
岩坂将充「トルコ・北キプロス関係の変化と東地中海地域の安全保障」『国際安全保障』四八巻一号、二〇二〇年
上杉勇司・青井千由紀編『国家建設における民軍関係——破綻国家再建の理論と実践をつなぐ』国際書院、二〇〇八年
大芝亮他編『平和政策』有斐閣ブックス、二〇〇六年
岡本正明『暴力と適応の政治学——インドネシア民主化と地方政治の安定』京都大学学術出版会、二〇一五年
落合弘樹『秩禄処分——明治維新と武家の解体』講談社学術文庫、二〇一五年
外務省『政府開発援助（ODA）国別データブック』「V　アフリカ地域、21　ジンバブエ」二〇〇四年（https://www.mofa.go.jp/mofaj/gaiko/oda/shiryo/kuni/04_databook/05_africa/africa.html）

外務省「スリランカ内戦の終結〜シンハラ人とタミル人の和解に向けて」『わかる！ 国際情勢』Ｖｏｌ40、二〇〇九年
北川成史『ミャンマー政変――クーデターの深層を探る』ちくま新書、二〇二一年
久木田純『東ティモールの現場から――子どもと平和構築』木楽舎、二〇一二年
日下部尚徳・石川和雅編『ロヒンギャ問題とは何か――難民になれない難民』明石書店、二〇一九年
久保慶一『争われる正義――旧ユーゴ地域の政党政治と移行期正義』有斐閣、二〇一九年
熊岡路矢『カンボジア最前線』岩波新書、一九九三年
クロス京子『移行期正義と和解――規範の多系的伝播・受容過程』有信堂高文社、二〇一六年
高坂正堯『世界地図の中で考える』新潮選書、一九六八年
コエーリョ、パウロ（山川紘矢・山川亜希子訳）『アルケミスト――夢を旅した少年』角川文庫、一九九七年
後藤乾一『〈東〉ティモール国際関係史1900-1945』みすず書房、一九九九年
近藤則夫「第7章 スリランカの民族紛争における和解の可能性――分権化を軸にして」、荒井悦代編『内戦後のスリランカ経済――持続的発展のための諸条件』アジ研選書、日本貿易振興機構アジア経済研究所、二〇一六年
篠田英朗『日の丸とボランティア――24歳のカンボジアＰＫＯ要員』文藝春秋、一九九四年
柴宜弘『ユーゴスラヴィア現代史』新版、岩波新書、二〇二一年
真保裕一『ホワイトアウト』新潮文庫、一九九八年
杉本良男・高桑史子・鈴木晋介編『スリランカを知るための58章』明石書店、二〇一三年
ステンゲル、リチャード（グロービス経営大学院訳）『信念に生きる――ネルソン・マンデラの行動哲学』英治出版、二〇一二年
関満博編『ミャンマー／日本企業の最後のフロンティア』新評論、二〇二〇年
高木徹『ドキュメント 戦争広告代理店――情報操作とボスニア紛争』講談社文庫、二〇〇五年
高野秀行『ミャンマーの柳生一族』集英社文庫、二〇〇六年
高野秀行『アヘン王国潜入記』集英社文庫、二〇〇七年
高野秀行『謎の独立国家ソマリランド――そして海賊国家プントランドと戦国南部ソマリア』本の雑誌社、二〇一三年

千田善『ユーゴ紛争――多民族・モザイク国家の悲劇』講談社現代新書、一九九三年
チャルディーニ、ロバート・B（社会行動研究会訳）『影響力の武器――なぜ、人は動かされるのか』誠信書房、二〇一四年
長有紀枝編『スレブレニツァ・ジェノサイド――25年目の教訓と課題』東信堂、二〇二〇年
陳天璽『無国籍』新潮文庫、二〇一一年
冨山泰『カンボジア戦記――民族和解への道』中公新書、一九九二年
永井浩・田辺寿夫・根本敬編『「アウンサンスーチー政権」のミャンマー――民主化の行方と新たな発展モデル』明石書店、二〇一六年
永杉豊『ミャンマー危機――選択を迫られる日本』扶桑社新書、二〇二一年
中坪央暁『ロヒンギャ難民100万人の衝撃』めこん、二〇一九年
中西嘉宏『軍政ビルマの権力構造――ネー・ウィン体制下の国家と軍隊 1962-1988』京都大学学術出版会、二〇〇九年
中西嘉宏『ロヒンギャ危機――「民族浄化」の真相』中公新書、二〇二一年
西芳実『災害復興で内戦を乗り越える――スマトラ島沖地震・津波とアチェ紛争』京都大学学術出版会、二〇一四年
旗手啓介『告白 あるPKO隊員の死・23年目の真実』講談社、二〇一八年
長谷川祐弘『平和構築の志――東ティモールでの平和構築活動から学んだ教訓』創成社、二〇二〇年
花田吉隆『東ティモールの成功と国造りの課題――国連の平和構築を越えて』創成社、二〇一五年
半藤一利『日本の一番長い日』文春文庫、二〇〇六年
ヒューマン・ライツ・ウォッチ「スリランカ――強姦される警察・軍に拘束中のタミル系住民たち 内戦終結後も続く政治的性暴力」二〇一三年二月二六日（https://www.hrw.org/ja/news/2013/02/26/248981）
ヒューマン・ライツ・ウォッチ「カンボジア：ケム・レイ氏の死から5年、法の裁きはいまだなし」二〇二一年七月一〇日（https://www.hrw.org/ja/news/2021/07/10/379190）
福永正明「第3章「地域の知」と「平和の配当」――スリランカにおける民族紛争と平和」、福武慎太郎・堀場明子編『現場〈フィールド〉からの平和構築論――アジア地域の紛争と日本の和平関与』勁草書房、二〇一三年
堀内隆行『ネルソン・マンデラ――分断を超える現実主義者』岩波新書、二〇二一年

堀場明子「第2章　活かされない専門家と市民の力――アチェの和平プロセスにおける教訓」、福武慎太郎・堀場明子編『現場〈フィールド〉からの平和構築論――アジア地域の紛争と日本の和平関与』勁草書房、二〇一三年
本名純『民主化のパラドックス――インドネシアにみるアジア政治の深層』岩波書店、二〇一三年
本名純「ユドヨノ大統領と民主化「第二フェーズ」――政治改革・紛争後復興・首長選挙を中心に」『東南アジア研究』第四五巻一号、二〇〇七年
牧田満知子『紛争終結後のカンボジア――国軍除隊兵士と社会再統合』世界思想社、二〇一八年
マゼラン他（長南実訳）『マゼラン　最初の世界一周航海　他』岩波文庫、二〇一一年
松野明久『東ティモール独立史』早稲田大学出版部、二〇〇二年
眞鍋貞樹「ミャンマーの民主化と連邦制――統合と自治のディレンマ」『政治行政研究』第九巻、二〇一八年
マンデラ、ネルソン（東江一紀訳）『自由への長い道――ネルソン・マンデラ自伝』（Kindle版）NHK出版、二〇一四年
ムンギ、エンゴマニ（長澤あかね訳）『ウブントゥ――自分も人も幸せにする「アフリカ流14の知恵」』パン・ローリング、二〇二〇年
メリカリオ、カトゥリ（脇阪紀行訳）『平和構築の仕事――フィンランド前大統領アハティサーリとアチェ和平交渉』明石書店、二〇〇七年
森田太郎『サッカーが越えた民族の壁――サラエヴォに灯る希望の光』明石書店、二〇〇二年
森分大輔「第一章　同意から和解へ――思想史の視点」、松尾秀哉・臼井陽一郎編『紛争と和解の政治学』ナカニシヤ出版、二〇一三年
山田満編『東ティモールを知るための50章』明石書店、二〇〇六年
山根健至『フィリピンの国軍と政治――民主化後の文民優位と政治介入』法律文化社、二〇一四年
吉村昭『ポーツマスの旗――外相・小村寿太郎』新潮文庫、一九八三年
読売新聞「ミャンマー軍　露の侵略に乗じた「力の支配」」社説、二〇二二年四月一日
ロジャース、ベネディクト（秋元由紀訳）『ビルマの独裁者　タンシュエ――知られざる軍事政権の全貌』白水社、二〇一一年

ちくま新書
1721

紛争地の歩き方
――現場で考える和解への道

二〇二三年四月一〇日　第一刷発行

著者　上杉勇司（うえすぎ・ゆうじ）

発行者　喜入冬子

発行所　株式会社 筑摩書房
東京都台東区蔵前二―五―三　郵便番号一一一―八七五五
電話番号〇三―五六八七―二六〇一（代表）

装幀者　間村俊一

印刷・製本　株式会社 精興社

本書をコピー、スキャニング等の方法により無許諾で複製することは、法令に規定された場合を除いて禁止されています。請負業者等の第三者によるデジタル化は一切認められていませんので、ご注意ください。
乱丁・落丁本の場合は、送料小社負担でお取り替えいたします。
© UESUGI Yuji 2023　Printed in Japan
ISBN978-4-480-07550-5 C0231

ちくま新書

1033
平和構築入門
――その思想と方法を問いなおす
篠田英朗
平和はいかにしてつくられるものなのか。武力介入や犯罪処罰、開発援助、人命救助など、その実際的手法と背景にある思想をわかりやすく解説する、必読の入門書。

1696
戦争と平和の国際政治
小原雅博
元外交官の著者が、実務と理論の両面から国際政治を動かす本質を明らかにし、ウクライナ後の国際秩序の変動、また米中対立から日本も含め予想される危機に迫る。

1697
ウクライナ戦争
小泉悠
2022年2月、ロシアがウクライナに侵攻した。21世紀最大規模の戦争はなぜ起こり、戦場では何が起きているのか？　気鋭の軍事研究者が、その全貌を読み解く。

1664
国連安保理とウクライナ侵攻
小林義久
5常任理事国の一角をなすロシアの暴挙により、安保理は機能不全に陥った。拒否権という特権の成立から、国連を舞台にしたウクライナ侵攻を巡る攻防まで。

1668
国際報道を問いなおす
――ウクライナ戦争とメディアの使命
杉田弘毅
メディアはウクライナ戦争の非情な現実とその背景を伝え切れたか。日本の国際報道が抱えるジレンマを指摘し、激変する世界において果たすべき役割を考える。

1587
ミャンマー政変
――クーデターの深層を探る
北川成史
二〇二一年二月、ミャンマー国軍がアウンサンスーチー国家顧問らを拘束した。現地取材をもとに、この政変の背景にある国軍、民主派、少数民族の因縁を解明かす。

1521
ルポ　入管
――絶望の外国人収容施設
平野雄吾
「お前らを日本から追い出すために入管（ここ）があるんだ」。密室で繰り広げられる暴行、監禁、医療放置――。巨大化する国家組織の知られざる実態。